AF349184

Biblioteca de Obras Maestras del Pensamiento

Tratado sobre los principios del conocimiento humano

George
BERKELEY

Biblioteca de Obras
Maestras del Pensamiento

Tratado sobre los principios del conocimiento humano

Estudio preliminar, traducción y notas:
RISIERI FRONDIZI

EDITORIAL LOSADA
BUENOS AIRES

Berkeley, George
    Tratado sobre los principios del conocimiento humano.
    – 1º ed. – Buenos Aires: Losada, 2004.
    204 p. ; 22x14 cm - (Biblioteca de obras maestras
    del pensamiento)

    Traducción de: Risieri Frondizi

    ISBN 950-03-7859-0

    1. Filosofía Moderna I. Título.
    CDD 190

Título del original inglés:
A Treatise concerning the Principles of Human Knowledge

1ª edición en Biblioteca de Obras
Maestras del Pensamiento: agosto de 2004

© Editorial Losada S. A.
  Moreno 3362,
  Buenos Aires, 1939

Distribución:
Capital Federal: Vaccaro Sánchez, Moreno 794 - 9º piso
(1091) Buenos Aires, Argentina.
Interior: Distribuidora Bertrán, Av. Vélez Sarsfield 1950
(1285) Buenos Aires, Argentina.

Composición:
Taller del Sur

ISBN: 950-03-7859-0

Advertencia del traductor[1]

La presente es traducción directa del texto inglés editado por A. Campbell Fraser en el primer volumen de las obras completas,[2] que sin duda alguna constituye la edición más fidedigna del *Tratado sobre los principios del conocimiento humano*. El texto traducido es el de la segunda edición publicada en 1734; en notas de pie de página se traduce el texto de la primera edición (1710) toda vez que difiere del de la segunda.

Se ha intentado conseguir la más estricta exactitud y fidelidad posibles. Para ello no sólo se ha esforzado el traductor en reflejar en la versión castellana el auténtico pensamiento de Berkeley, sino que ha tenido especial cuidado en que la oración en español conserve todos los matices que tiene el texto inglés, aun a costa de mantener las repe-

---

[1] Esta segunda edición en castellano reproduce, con ligeras modificaciones de estilo y correcciones terminológicas, la primera edición publicada por esta Editorial en 1939. Se han agregado nuevas notas explicativas y ampliando las existentes. Un nuevo *estudio preliminar* substituye la *introducción* a cargo del traductor que apareció en la primera edición.

[2] *The Works of George Berkeley* (Oxford, At the Clarendon Press, 1901).

ticiones y la monotonía del original. Más fácil hubiera resultado realizar la traducción en frases de mayor soltura y acomodadas a las actuales formas del buen decir, pero entonces se habría renunciado a la cualidad esencial de toda buena traducción: *fidelidad* en el contenido y en la forma.

Creemos que es ésta la primera traducción al castellano de la obra más importante de Berkeley. En idiomas latinos conocemos las traducciones de Papini,[3] Mazzantini[4] y Bianchi[5] al italiano, y de Renouvier[6] al francés. La traducción de Papini es la más fiel de las tres. Las alteraciones del texto original que hemos encontrado no afectan su buena inteligencia. En cambio la traducción de Mazzantini adolece de innumerables defectos. Es una versión totalmente libre. El traductor salva las dificultades que se le presentan por medio de rodeos, introduciendo términos que no figuran en el original y que a veces alteran en su esencia el pensamiento de Berkeley, o suprimiendo oraciones completas.[7] En su aspecto literario el texto italiano no se asemeja en lo más mínimo al original inglés. Además, el traductor ha suprimido íntegramente la introducción que aparece en el original, y no hace ninguna referencia al texto de la primera edición. La traducción de Renouvier, como es sabi-

---

[3] *Trattato dei principi della Conoscenza Umana e Tre dialoghi tra Hylas e Filonus,* tradotti da Giovanni Papini (Bari, Laterza, 1925).

[4] *Trattato dei Principi della Conoscenza Umana,* traduzione, introduzione e note a cura di Carlo Mazzantini (Torino, Paravia, 1936).

[5] *Trattato dei Principi della Conoscenza Umana,* Introd. trad. e note di Giulio Bruno Bianchi (Milano, Carlo Signorelli, 1937).

[6] *Les Principes de la Connaissance Humaine,* traduction de Charles Renouvier, 2e. édition (Paris, Colin, 1926).

[7] Cfr. secs. 40 y 41, por ejemplo.

do, no fue hecha para ser publicada, sino para uso personal. Vio la luz por primera vez en los números correspondientes a junio, julio, agosto, setiembre y octubre de 1889 de la revista *Critique Philosophique;* fue editada en forma de libro en 1920 y reeditada en 1926. Su error más común es tomar en sentido literal términos u oraciones usadas en sentido figurado, deficiencia que no debe hacernos olvidar las buenas cualidades que posee.

En la presente versión española –que se publicó, por primera vez en 1939– se aclaran, en numerosas notas de pie de página, el sentido de algunos términos fundamentales que no siempre fueron interpretados correctamente, se explican pasajes oscuros, y se hacen las referencias necesarias a otros pasajes de la misma obra, a otras obras del mismo autor, o a la doctrina de otros filósofos.

Además de las notas aclaratorias, que aspiran a facilitar al lector la interpretación correcta de la obra de Berkeley, esta edición lleva un *estudio preliminar* del traductor –reelaborado en su casi totalidad en la segunda edición– donde se exponen las ideas fundamentales del Obispo de Cloyne.

Antes de terminar esta *Advertencia,* deseo reiterar públicamente mi agradecimiento hacia mi buen amigo y colega el Profesor Ricardo J. Velzi –catedrático de Literatura Inglesa en la Facultad de Filosofía y Letras de Tucumán– cuya valiosa ayuda libró a esta traducción de numerosos errores.

R. F.
Universidad Nacional de Tucumán, marzo de 1945.

Estudio preliminar

POR RISIERI FRONDIZI

I. La doctrina filosófica de Berkeley

La multiplicidad de facetas que ofrecen en general las concepciones filosóficas ha dado motivo a interpretaciones unilaterales y equívocos frecuentes. Berkeley es una de las víctimas del enfoque parcial de sus comentaristas y críticos. Hay quienes ven en él tan sólo a un nominalista que viene a engrosar esa dirección filosófica ya tradicional en Gran Bretaña. Otros reparan en su inmaterialismo que confunden con su idealismo, y no faltan quienes creen que la preocupación teológica es el punto central y al cual puedan reducirse los demás aspectos de su concepción.

Parece evidente que cualquier reducción de la totalidad de su pensamiento a uno de los aspectos es igualmente injustificada. Su concepción total ofrece cuatro facetas —o más bien etapas— que no pueden despreciarse y que mantienen entre sí una íntima vinculación. Las cuatro aparecen desde un principio y están ya contenidas en esta obra de su juventud, que es su escrito más importante y sistemático. En el orden de aparición en la presente obra —y también de acuerdo a un orden sistemático— las cuatro facetas que responden a otras tantas concepciones que no siempre han coincidido en un solo pensador, son el nominalismo, inmaterialismo, espiritualismo y teísmo. En Berkeley, en cambio, las cuatro concepciones equivalen a cuatro etapas de un solo pensamiento, en íntima e inseparable relación. El nominalismo sirve de fundamento a su inmaterialismo, ya que la materia es una idea abstracta, acaso la más falaz y perniciosa de todas. A falta de la materia busca Berkeley la realidad en el espíritu, que conjuntamente con las ideas es lo único que existe. El teísmo sería inexplicable, a su vez, sin la etapa anterior, constituyendo a un mismo tiempo la culminación de todo su pensamiento y el sostén de las etapas anteriores.

No hay duda que el nominalismo es en Berkeley una posición preparatoria. De ahí su actitud polémica —cuando no agresiva— sobre este tema, y el lugar que ocupa dentro del *Tratado*. La parte central de la *Introducción* está dedicada a combatir las ideas abstractas[1] que "parecen haber sido la razón principal de que la especulación se tornara intrincada y confusa y haber ocasionado innumerables errores y dificultades en casi todas las ramas del conocimiento". (Introducción § 6).[2]

Formado dentro del conceptualismo de Locke, Berkeley admitió en sus años de estudiante la facultad de abstraer ideas. Principio que acepta en los comienzos de su *Commonplace Book* y que rechaza al final de su diario filosófico. Se cree que este cambio de actitud sobre tema tan importante se operó durante su "año crítico" (1707-08). En el borrador de la *Introducción*[3] confirma que en otra época no dudaba de su capacidad para abstraer ideas.[4] Pero se trataba de una época en que sus "nuevos principios" estaban aún oscurecidos por numerosas dudas y dificultades. Desde fines de 1708 en adelante el problema se le presenta con claridad: considera que puede representarse tan sólo las cosas particulares que ha percibido y dividirlas y unirlas de diversos modos (Introd. § 10). Distingue entre "ideas generales" e "ideas generales abstractas" (Introd. § 12) negando la existencia de estas últimas pero admitiendo las primeras, en tanto expresadas por nombres generales que denotan a cualquiera de un número indefinido de objetos individuales. Las ideas son en sí mismas particulares. No adquieren generalidad por abstracción[5] sino por el sentido y significado que les damos. Podemos aumentar la extensión de algunas ideas particulares de modo que puedan denotar otras ideas particulares pero, en realidad, no hay más que ideas concretas particulares. Berkeley concentra en Locke todos sus ataques en contra de la teoría de las ideas abstractas. Tanto la exposición como la interpretación que hace Berkeley de la doctrina de Locke son unilaterales. Dejando de lado pasajes mucho más importantes[6] se refiere al libro IV, cap. 7, § 9 y en particular al famoso "triángulo general" para demostrar la inexistencia de las ideas generales abstractas. Locke nunca creyó que existieran tales ideas abstractas como "esencias" o "formas" de las cosas. No era realista sino conceptualista y consideraba que para "la conveniencia y ampliación del conocimiento" la mente se veía obligada a formar ideas abstractas que no eran, por cierto, nada fáciles de alcanzar.

El conceptualismo de Locke facilitó, en cierta medida, la teoría nominalista de Berkeley. Bastó que éste tomara en un sentido psicológico restringido los términos pensamiento e idea, para demostrar la imposibilidad de "pensar" —imaginar— la "idea" general de triángulo que no debía ser "ni oblicuángulo ni rectángulo; ni equilátero, isósceles o escaleno, sino todos y ninguno de ellos al mismo tiempo".[7]

Nos parece claro que el secreto de la refutación de Berkeley —y el fundamento de su doctrina sobre las ideas— está en la identificación de "pensar" y "concebir" con "imaginar" y "representarse". Doctrina que le lleva a la concepción de la idea como representación concreta y particular de la mente.[8] Así, por ejemplo, habla de que tiene "la facultad de *imaginar* o *representarse* las ideas de las cosas particulares que ha percibido y unirlas y dividirlas de diversas maneras. Puedo imaginar un hombre con dos cabezas...", pero no puede "...*concebir* la idea abstracta antes descrita".[9] Del mismo modo —afirma— "puedo, sin duda, *dividir* en mis pensamientos, o *concebir* separadas unas de otras, aquellas cosas que los sentidos nunca percibieron divididas. De esta manera, *imagino* el tronco de un cuerpo humano sin sus miembros, o *concibo* el perfume de una rosa sin pensar en la rosa misma... Pero mi poder de *concebir* o *imaginar* no se extiende más allá de la posibilidad de una existencia o percepción real".[10] Los escritos anteriores al *Tratado* confirman nuestra tesis.[11] Es cierto que en su obra *Alciphron* —publicada veintidós años después del *Tratado*— al volver sobre el tema afirma que no puede "por medio de ninguna facultad, ya sea del intelecto o de la imaginación, concebir o formar una idea de lo que es imposible e implica una contradicción".[12] Pero debe recordarse que este pasaje —conjuntamente con la totalidad de los parágrafos 5 a 7 del citado diálogo— fueron suprimidos por el autor en la tercera edición de la obra. Por otra parte, dada la peculiar concepción que tenía Berkeley de las ideas no podía distinguir —como es común en la actualidad— entre *idea* y *concepto*, asignando a la primera existencia real y al segundo existencia ideal. Berkeley, en efecto, creía que las ideas, de cualquier clase que fueran, debían ser concretas y particulares puesto que equivalían a los datos inmediatos de los sentidos o de la imaginación.

Como ya lo señalamos, Berkeley rechaza las *ideas generales abstractas* pero admite las *ideas generales*. Las ideas, consideradas en sí mismas, son particulares pero pueden tornarse generales al adquirir la representación de todas las otras ideas particulares de la misma clase (Introd., sec. 12).

Rechazada la posibilidad de la existencia de las ideas generales abstractas, se preocupa Berkeley por investigar la fuente de este error (secs. 18-20) que es uno de los que "ha tenido mayor influencia sobre el pensamiento de los hombres especulativos" (sec. 17). Cree encontrar en el lenguaje la fuente de tal error advirtiendo en favor de su tesis "la franca confesión de uno de los más hábiles sostenedores de las ideas abstractas" (sec. 18): Locke. Al analizar el lenguaje distingue entre definición e idea.[13] Las palabras pueden definirse y en tal caso debemos atenernos a la definición, usando los términos siempre con el mismo significado; pero ni la definición ni la palabra son una garantía de la existencia de la idea. En el borrador de la *Introducción*[14] el divorcio entre las palabras y las ideas es aun más marcado.

Uno tras otro, Berkeley rechaza como meros términos vacíos conceptos fundamentales de la filosofía, por creer que se trata de ideas abstractas. La existencia (sec. 5), el mundo exterior (sec. 6), la unidad (sec. 13), el Ser (sec. 17), la entidad (sec. 81), el tiempo, el espacio, el movimiento (sec. 97), etc., corren la misma suerte que las demás ideas abstractas.

Entre estas ideas abstractas se encuentra la materia o substancia corpórea (sec. 11). Fácil es inferir la opinión de Berkeley sobre su existencia y advertir como su nominalismo conduce al segundo momento de su concepción: el inmaterialismo. El rechazo de las ideas abstractas era fundamental para el sostenimiento de la tesis inmaterialista pues explica la razón por la cual se cree comúnmente en la existencia de la materia y la legitimidad o fundamento que tiene esa creencia. Un contemporáneo de Berkeley —Arthur Collier[15]— sostuvo una tesis inmaterialista similar a aquél, sin apoyarla en doctrina alguna de tipo nominalista. Pues bien, comentaristas penetrantes como A. A. Luce,[16] creen que ese hecho explica el olvido en que cayó el pensamiento de Collier y la perduración de la concepción de Berkeley. El nominalismo sirvió a este último, al menos, para advertir al público que no estaba atacando su concepción de la materia sino la que tenían los filósofos (sec. 35), evitando así el mayor contraste de la teoría berkeleyana con la creencia del sentido común. Más aun, sostiene Berkeley que la opinión común acerca de la materia está en favor de su tesis puesto que entiende por substancia corporal "la combinación de cualidades sensibles" y no "el sostén de accidentes o cualidades fuera de la mente", como entienden los filósofos (sec. 37). La tesis de Berkeley no nos priva de ninguno de los objetos de la naturaleza como pudiera creerse tomando sus palabras en un sentido estricto (sec. 34). Además de los argumentos nominalistas para probar la inexistencia de la materia –que funcionan como fundamento más que como prueba– Berkeley utiliza la distinción entre cualidades primarias y secundarias que hace Locke en su *Essay*,[17] para arribar a su tesis inmaterialista. En la sección novena del *Tratado* escribe: "Hay algunos que distinguen entre cualidades *primarias* y *secundarias*. Por las primeras entienden la extensión, la figura, el movimiento, el reposo, la solidez o impenetrabilidad y el número; con las segundas denotan todas las cualidades sensibles, como los colores, los sonidos, los sabores, etcétera".

Como es sabido Locke admitía que las cualidades secundarias no tienen existencia fuera de la mente del sujeto que las percibe, sin llegar a afirmar lo mismo de las cualidades primarias. Para Locke las cualidades primarias tienen realidad, ajena a los sujetos que las perciben, en una substancia no pensante, llamada generalmente materia.

Pues bien, Berkeley no hace más que llevar a las cualidades primarias la subjetividad que Locke admitía en las cualidades secundarias. Y no lo hace arbitrariamente, sino basado en una serie de argumentos que se contienen en las secciones 10 y siguientes del *Tratado*.

Ante todo, dice Berkeley, la distinción entre cualidades primarias y secundarias no tiene valor, pues es absolutamente imposible separar las unas de las otras. En efecto, ver un color, por ejemplo, significa ver una extensión coloreada y hablar de una extensión sin un color es separar la realidad en dos partes arbitrarias. Escribe en la sección 10: "Deseo que se reflexione y se trate de concebir por medio de una abstracción del pensamiento, la extensión y el movimiento de un cuerpo sin todas las otras cualidades sensibles. Por mi parte veo con toda evidencia, que no está en mi poder formar una idea de un cuerpo extenso y en movimiento, sin añadirle algún color u otra de las cualidades sensibles que se admite existen sólo en la mente".

Como lo hiciera al demostrar su nominalismo, recurre Berkeley a un análisis psicológico para afirmar la imposibilidad de separar la extensión, u otra cualidad primaria, del color y demás cualidades secundarias. En realidad, lo único que prueba Berkeley es que el espíritu no puede concebir, o mejor dicho, representarse un color sin la extensión o viceversa. Desde un punto de vista psicológico riguroso, la posición de Berkeley es irrefutable; pero quien sea consecuente con este concepción no podrá evitar un solipsismo radical, o negar —con Hume— no sólo la substancia material sino también la substancia espiritual.

El otro argumento importante en favor de la concepción subjetivista de las cualidades primarias está contenido en el *Tratado* y en los *Tres diálogos entre Hylas y Filonús*. De acuerdo a este segundo argumento, las mismas razones que prueban la subjetividad de las cualidades secundarias pueden probar la subjetividad de las cualidades primarias. (Secs. 11, 14 y 15.)

En efecto, dice Berkeley en el primer *Diálogo*[18] ¿no se admite acaso que el calor y el frío no se hallan en el agua puesto que ésta parece caliente a una mano y fría a otra? Pues bien, ¿no es lo mismo concluir que no existe extensión o figura de un objeto puesto que éste parece pequeño, suave y redondo a un ojo, mientras que al mismo tiempo aparecerá grande, desigual y anguloso a otro?[19]

La legitimidad del razonamiento, en el plano psicológico, es indudable. Berkeley concluye, sin más, que la extensión no tiene existencia sino en una mente que la percibe. Pero la materia no se puede identificar con la extensión; ella es el conjunto de todas las cualidades y si se quiere demostrar su inexistencia fuera de la mente deberá demostrarse la subjetividad de las restantes cualidades primarias que la constituyen.

Pero es ésta tarea muy sencilla, pues si se admite que "la extensión no tiene existencia fuera de un espíritu, debe concederse lo mismo del movimiento, la solidez y la gravedad, ya que éstas suponen, evidentemente, la extensión".[20]

Es innecesario, entonces, hacer una investigación particular acerca de cada una de las cualidades primarias, ya que al negar la existencia real de la extensión se ha negado la existencia real de todas ellas.

Demostrada la subjetividad de las cualidades primarias y secundarias y considerando la materia como el conjunto de estas cualidades, se deduce necesariamente que ella existe en tanto es percibida. Y he aquí la terminación de su razonamiento que le ha conducido a su conocida posición inmaterialista, base de su idealismo subjetivo y de su espiritualismo.

Pero los argumentos expuestos no son los únicos en favor de un idealismo subjetivo. Aun suponiendo, dice Berkeley (sec. 18), que existieran fuera de la mente objetos reales que corresponden a las ideas que tenemos de los cuerpos, ¿cómo podríamos conocer su existencia? Sólo por medio de los sentidos o de la razón podríamos conocer la existencia de esos objetos reales o saber algo acerca de ellos. Pero los sentidos y la razón conocen únicamente nuestras "propias ideas". El solo intento de concebir la materia como algo fuera de la mente es un absurdo inexplicable, pues el hecho de concebir lleva implícita la necesidad de que sea *en* y *por* una mente. Una materia ajena a un espíritu implica una contradicción de términos y, aunque existiese, no podríamos pensarla ni imaginarla pues la subjetivizaríamos.

Por lo tanto, la materia como todo lo existente, sólo existe *para* un espíritu y *en* un espíritu, pues su ser es ser en un espíritu. De ahí la conocida afirmación de Berkeley de que *esse est percipi* que encontramos en las primeras páginas del *Tratado* (sec. 3) y que sintetiza su idealismo.

Pasemos ahora al tercer momento de la doctrina de Berkeley: el espiritualismo. Para ello no tendremos necesidad de saltar injustificadamente de una posición a otra, sino que llegaremos a esta tercera etapa siguiendo el hilo ininterrumpido del razonamiento del autor.

Habíamos llegado a la conclusión de que ser es ser percibido; ¿pero qué cosa puede ser percibida, ya que la materia no puede serlo debido a que no existe?

Con esta pregunta se pone fin al aspecto negativo —nominalismo e inmaterialismo— que predominaba hasta ahora en la doctrina que exponemos. En efecto, ha llegado el momento de señalar qué es lo que percibimos, más aun, qué es lo que existe. Berkeley responde que percibimos únicamente ideas y que sólo existen los espíritus, y las ideas que ellos perciben.

La afirmación de la existencia de los espíritus es, en Berkeley, el resultado de la aplicación del principio de causalidad. En efecto, si no percibimos objetos reales ajenos a nosotros, sino ideas, ¿cómo se originan estas ideas? No pueden originarse en la realidad externa —llamada en el *Tratado*, substancia corporal o material— pues ya se ha demostrado que no existe. No quedan más que dos caminos: las ideas son provocadas por otras ideas, o bien tienen su origen en una substancia, pero no ya material, sino incorpórea y activa.

Debemos descartar la primera posibilidad ya que "una idea u objeto del pensamiento, no puede producir u ocasionar alteración en otra… ", pues las ideas "son visiblemente inactivas: no hay en ellas ningún poder o acción" (sec. 25).

Las ideas deben atribuirse a una substancia activa e inmaterial —que Berkeley llama espíritu, mente o alma— que es la que percibe o actúa (sec. 2). Del mismo modo como el ser de las ideas consiste en ser percibidas —*percipi*— el de los espíritus consiste en percibir —*percipere*— entendiendo este término en un sentido lato que denota la totalidad de las actividades anímicas. El principio fundamental de Berkeley no puede reducirse, por lo tanto, al conocido aforismo de que ser es ser percibido. Junto al ser percibido –y en indisoluble vínculo con él– existe el ser que percibe, el espíritu.[21] Afirma Berkeley que el espíritu es "lo que piensa, quiere y actúa" (sec. 138); "un ser simple, indivisible y activo," (sec. 27). Es indivisible, incorpóreo, inextenso y por lo tanto, incorruptible, inmortal (sec. 141).

La actividad –nota fundamental del espíritu– impide que podamos tener de él una idea, puesto que las ideas son inactivas e inertes (sec. 25). ¿Renunciará Berkeley, por esta razón, al conocimiento del espíritu, que es parte fundamental de la realidad? No, por cierto. Si bien no podemos tener una idea, tenemos una *noción* de los espíritus[22] (sec. 142).

Al hablar del conocimiento de los espíritus finitos debemos distinguir el propio yo[23] del prójimo.[24] Berkeley sigue a Descartes y a Locke al afirmar que tenemos conocimiento de nuestro propio yo al que conocemos "inmediata e intuitivamente".[25] La influencia de Descartes se advierte igualmente cuando concibe al yo como "substancia pensante" y al espíritu en general como "una cosa indivisible e inextensa que piensa, actúa y percibe",[26] y la de Locke al hablar de *reflexión*, como forma de auto-conocimiento (sec. 89).

El conocimiento del prójimo es distinto al que tenemos del yo. La noción de nuestro yo –a semejanza de las ideas "de" los objetos– se da inmediatamente en nuestro espíritu. En cambio, el conocimiento del prójimo es mediato (sec. 145). Dice Berkeley que conocemos los "otros espíritus por la razón" (sec. 89). Aunque no lo expresa claramente acaso quiera significar que se trata de un razonamiento por analogía (sec. 140). En efecto, "percibo" ciertos movimientos, cambios y combinaciones de ideas que me informan que hay ciertos agentes particulares, semejantes a mí, que las acompañan y concurren a su producción. Por lo tanto, el conocimiento que tengo de los otros espíritus no es inmediato, como lo es el conocimiento de mis ideas, sino que depende de la intervención de ideas que refiero, como efectos o signos concomitantes, a otros agentes o espíritus distintos del propio" (sec. 145). El carácter mediato del conocimiento del prójimo es el resultado de la intervención de nuestro yo y de las ideas como elemento de ese conocimiento. "… conocemos otros espíritus por medio de nuestra propia alma, la cual… tiene la misma semejanza con otros espíritus, que lo azul o el color percibido por mí tiene con esas ideas percibidas por otro" (sec. 140).

Como ya observamos anteriormente, además de los espíritus existen las ideas. Berkeley entiende generalmente por *idea* la representación concreta y particular de la mente; ya sea en tanto objeto percibido inmediatamente por el espíritu o en tanto recuerdo o imagen de lo percibido. En ambos casos el ser de una idea consiste en ser percibido (sec. 2). La concepción de que el espíritu tiene relación tan sólo con ideas, Berkeley la ha tomado seguramente de Locke quien escribe en su *Essay* que sólo podemos conocer ideas.[27] Locke llama idea al "objeto inmediato de la percepción, el pensamiento o el entendimiento".[28] La diferencia fundamental entre ambos consiste en que Locke afirma la existencia de la materia ajena a nuestra mente y causa de nuestras ideas, a la que no podemos conocer plenamente. Para Berkeley, en cambio, la materia se agota en las ideas, su ser equivale a su aparecer.

Berkeley hereda de Locke la ambigüedad del concepto de idea. En efecto para ambos el término idea denota a un mismo tiempo la representación de los contenidos vivibles y los contenidos vividos mismos.[29] La misma ambigüedad adquiere en Berkeley el término percepción que tiene el doble significado de acto de percepción y de contenido percibido.

En la segunda edición del *Tratado* distingue Berkeley con sumo cuidado entre *idea* y *noción*. Las ideas son inertes e inactivas (sec. 25): su ser se reduce a ser percibidas. Por dicha razón no podemos tener idea de un espíritu (sec. 27) –que es un ser esencialmente activo– pero sí una noción. Tenemos, pues, ideas del mundo sensible y nociones de los espíritus, sus operaciones y de las relaciones entre ideas.[30] Como ya lo señalamos, el ser del mundo sensible se agota en las "ideas" que de él tenemos. En cambio los espíritus y las relaciones no dependen para nada de nuestras "nociones".

Las ideas, a su vez, dependen del espíritu que las percibe —no hay *percipi* sin *percipere* o *agere*—. En tanto percibe ideas, el espíritu se llama entendimiento y en cuanto las produce se llama voluntad (sec. 27). Hay, pues, dos clases de ideas. Unas que puedo provocar a placer: "No tengo más que *desear* e inmediatamente ésta o aquella idea surge en mi fantasía" (sec. 28). Hay otras, en cambio, que no dependen de mi voluntad: "cuando abro los ojos en pleno día no está en mi poder elegir si veré o no, o determinar qué objeto particular se presentará a mi vista" (sec. 29).

Estas dos clases de ideas le sirven a Berkeley para distinguir entre la realidad y la ficción, sin necesidad de echar mano de la materia que, en su opinión, tiene todos los vicios de las ideas abstractas. Como lo dice expresamente en el *Tratado*, no tiene la menor duda que las cosas que ve y toca existan realmente. "Lo único que niego es la existencia de lo que los *filósofos* llaman materia o substancia corporal" (sec. 35).

Las ideas percibidas por los sentidos no dependen, pues, de nuestra voluntad ni son provocadas por ninguna materia o substrato de las cualidades sensibles. Escribe Berkeley, en efecto que, "cualquiera sea el poder que tenga sobre mis propios pensamientos admito que las ideas actualmente percibidas por los sentidos no dependen, como las otras, de *mi* voluntad... Hay, por lo tanto, alguna otra voluntad o espíritu que las produce" (sec. 29).[31] Las ideas de los sentidos, que corresponden a los llamados cuerpos externos son provocadas por Dios de acuerdo a un orden y coherencia que los hombres de ciencia llaman "leyes de la naturaleza". Pasamos de este modo al cuarto momento de la filosofía de Berkeley: el teísmo, culminación de su espiritualismo.

La prueba de la existencia de Dios, que se desprende de los diversos pasajes del *Tratado*, está basada en el principio de causalidad y podría enunciarse así: hay en nuestra mente ideas que no hemos provocado ni tienen su origen en substancia material alguna; debe haber por lo tanto, un espíritu activo e inteligente que las provoque.[32] En otras palabras, nuestra incapacidad de producir las ideas de los sentidos sirve de prueba de la existencia de Dios.

En 70 de las 156 secciones que forman el *Tratado*, hay referencias concretas al problema de Dios. No se debe esto tan sólo a la vocación religiosa del autor, sino a que la idea de Dios constituye parte fundamental de su sistema. En las secciones 26 a 29 encontramos la primera exposición de la prueba ya señalada de la existencia en base a la distinción entre las ideas de los sentidos y las de la imaginación.

Para Berkeley Dios es uno, eterno, infinitamente sabio y perfecto (sec. 146). Es también absolutamente libre porque no está constreñido —ni siquiera por su propia naturaleza— a actuar de un modo determinado. Si lo deseara, Él podría alterar el orden y coherencia que tienen las ideas que Él provoca en nuestra mente. Podría, "si estuviese dispuesto a hacer un milagro, causar todos los movimientos en el cuadrante de un reloj, aunque nadie haya hecho el mecanismo y lo haya puesto dentro del reloj. Pero si Él desea actuar de acuerdo a las reglas del mecanismo por Él establecidas y mantenidas en la creación con sabios fines, es necesario que esas acciones del relojero por las cuales *él* fabrica el mecanismo y lo ajusta convenientemente, precedan a la producción de los movimientos antedichos" (sec. 62).

Los llamados "milagros" consisten pues en la modificación, por voluntad divina, de las "leyes de la naturaleza". Pero no debe creerse que Berkeley afirma la existencia de Dios basado en los milagros. Más aún, él cree que es un defecto del vulgo el "reconocer la presencia de un Agente Superior..." cuando "el curso de la naturaleza es interrumpido por un milagro" (sec. 57). El orden y concatenación del curso de la naturaleza son pruebas de la "gran sabiduría, poder y bondad de su Creador", (sec. 57) ya que la inconstancia y mutabilidad de la acción, que se consideran generalmente signos de libertad, en realidad son indicios de imperfección.

Hemos señalado ya la imposibilidad de que tengamos una idea de los espíritus. Resulta claro, por lo tanto, que no podemos tener una idea de Dios; pero en cambio tenemos una noción de Él. No conocemos a Dios en forma inmediata, como conocemos las ideas o nuestro propio espíritu, sino en forma mediata, tal cual conocemos al prójimo.[33] La diferencia entre el conocimiento de uno y otro se debe a que "un conjunto infinito y estrecho de ideas denota una mente humana particular", mientras que "a cualquier lado que dirijamos nuestra vista, en todo tiempo y en cualquier lugar, percibimos muestras manifiestas de la Divinidad: todo lo que vemos, oímos, sentimos o por cualquier modo percibimos por los sentidos, es un signo o efecto del poder de Dios" (sec. 148).

En el orden del conocimiento se refleja la íntima interdependencia de los distintos aspectos que constituyen la totalidad de lo existente. Del conocimiento de las ideas pasamos al conocimiento del propio espíritu y a través de ambos al conocimiento del prójimo. El conocimiento de Dios es la culminación de todo conocimiento puesto que supone el conocimiento de las ideas, del espíritu propio y del ajeno —al mismo tiempo que sustenta a los tres—. El espiritualismo de Berkeley culmina pues en una concepción del Espíritu Infinito, de quien dependemos en forma inmediata y absoluta (sec. 155), y que satisface la doble vocación, metafísica y religiosa del Obispo de Cloyne.

Para entender el sentido de las ideas contenidas en el *Tratado*, nada mejor que situar esta obra en el pensamiento filosófico de su autor. No debe olvidarse que una obra filosófica es el fruto de un momento espiritual y que, por lo tanto, va precedida y continuada por un complejo de elementos y consecuencias no despreciables.

La íntima relación de los distintos escritos llama la atención a quien estudia la producción filosófica de Berkeley. Mientras que algunos filósofos llegan a una posición más o menos estable después de un largo proceso de maduración, en el cual el espíritu se enriquece en contacto con otras concepciones filosóficas, hay otros que conciben desde un principio el núcleo básico de la doctrina Y su ulterior desarrollo no es más que la explicación de una intuición primaria. Berkeley pertenece, sin duda alguna, a este último tipo de filósofo. Su *Tratado*, en el que está íntegramente contenida su doctrina, fue escrito cuando sólo contaba veinticinco años de edad y fue precedido por otra obra titulada *Ensayo de una nueva teoría de la visión*, en la que se establecen las bases de su inmaterialismo que constituye una faceta importante de su filosofía. Más aún, en su *Diario filosófico* [*Commonplace Book*], redactado cuando sólo tenía veinte años encontramos, aunque toscamente expresados, todos los principios que constituyen el fundamento de su filosofía. A su vez, los cuatro momentos de la doctrina berkeleyana que se exponen en el *Tratado*, se continúan en las obras escritas con posterioridad a 1710.

La vida de Berkeley, lo mismo que sus escritos, puede dividirse en tres períodos. El primero corresponde a su juventud, es decir, a su formación espiritual. El segundo es el período de los viajes y de las grandes empresas; y el tercero se inicia con su nombramiento de obispo de Cloyne y se caracteriza por su inclinación a un misticismo de tipo neoplatónico.

George Berkeley nació el 12 de marzo de 1685 en Dysart, en el condado de Kilkenny, una de las regiones más pintorescas de Irlanda. Sabemos que a la edad de doce años entró a la escuela de Kilkenny, famosa por sus profesores y sus discípulos, contándose entre estos últimos al poeta Congreve y al conocido autor de los *Viajes de Gulliver*, Jonathan Swift. Berkeley asistió a dicha escuela desde los doce a los quince años. En marzo de 1700, entró al *Trinity College* de Dublin al que permaneció unido íntimamente durante veinte años; en 1704 obtuvo el título de Bachiller en Artes y en 1707 el de Maestro en Artes.

El Trinity College se encontraba, a principios del siglo XVIII, totalmente embarcado en el nuevo movimiento científico y filosófico que había puesto fin a los últimos reductos de la escolástica. Dicho movimiento, representado principalmente por Descartes y Newton en física, tenía en el terreno filosófico como punto de partida la revolución cartesiana. Malebranche y Locke habían llegado también a ser bien conocidos y es este último filósofo, conjuntamente con Descartes, quienes influyeron más profundamente en el pensamiento juvenil de Berkeley y a quienes éste debe muchas de sus conclusiones filosóficas.[34]

Berkeley redactó de 1706 a 1708 una especie de diario filosófico llamado *Commonplace Book*,[35] en el que expone, en una serie de notas, sus puntos de vista sobre los problemas filosóficos que habían de preocuparle el resto de su vida. El *Commonplace Book* nos demuestra que había alcanzado ya una posición nominalista e inmaterialista a los veinte años. Escribe Berkeley que "no hay ideas generales";[36] que todas las ideas son particulares.[37] Sostiene, a su vez, que "existir es percibir o ser percibido",[38] y que "es imposible que exista algo que no sea lo que piensa o es pensado". Concepto que refirma más adelante[39] al escribir que "el tiempo es una sensación y por lo tanto existe sólo en la mente" y poco después que, "la extensión es una sensación y por lo tanto no existe fuera de la mente".

Berkeley no escribió estas notas para darlas a la publicidad, permaneciendo desapercibidas hasta que A. C. Fraser encontró los manuscritos y los publicó en 1871 con el nombre de *Commonplace Book*. De modo que debemos considerar el *Ensayo de una nueva teoría de la visión*, publicado en 1709, como la primera obra filosófica de Berkeley.

El objeto principal del *Ensayo* es mostrar en qué consiste la percepción de la distancia, el tamaño y la posición de los objetos. Fue escrito para preparar el camino a la exposición y defensa de su nueva teoría del mundo material contenida en el *Tratado* que apareció un año después del *Ensayo*.

La posición de Berkeley es terminante: la percepción de la distancia, del tamaño y posición de los objetos tiene su origen en el tacto y no en la vista. Es sólo por el hábito de las experiencias repetidas que llegamos a asociar las ideas de distancia, tamaño y posición con las sensaciones visuales, o mejor dicho con las sensaciones musculares que corresponden a ciertos movimientos de los ojos.

El *Ensayo* está constituido por 160 secciones corridas que podemos dividir en seis partes, destinadas a probar las seis tesis que se enumeran a continuación:

a) La distancia es invisible; sólo es sugerida a la mente por otros fenómenos visibles y por sensaciones no visuales que sufre el ojo (sec. 2 a 51).

b) La magnitud o cantidad de espacio que ocupan los objetos es invisible; sólo vemos mayor o menor cantidad de color. Las llamadas percepciones visuales de las magnitudes reales son sólo nuestras interpretaciones táctiles de los colores que vemos y las sensaciones que sufre el ojo (sec. 52 a 87).

c) La situación de los objetos y las relaciones de unos a otros en el espacio son invisibles; lo único que vemos es la variedad de las relaciones de unos colores a otros (sec. 88 a 120).

d) No hay ningún objeto que sea común a las sensaciones visuales y táctiles, ni aun el espacio o la extensión. (sec. 121 a 146).

e) La explicación del significado táctil de los signos visuales debe interpretarse en el sentido de que todos los fenómenos visibles son signos arbitrarios del lenguaje de la naturaleza (sec. 147 a 148).

f) Lo que estudia la geometría es una extensión dada por el tacto y no por la vista; el color es el único objeto inmediato de la vista (sec. 149 a 160).

El mismo año de la publicación del *Ensayo*, Berkeley es ordenado diácono de la capilla del Trinity College. Desde entonces se siente apóstol de una cruzada en contra del escepticismo, del ateísmo y de la irreligión.

Con la publicación del *Tratado sobre los principios del conocimiento humano* en el verano de 1710, se inicia el segundo período de su vida. Durante los dos años siguientes a la publicación del *Tratado,* Berkeley estuvo ansioso por escuchar las críticas que se hicieron esperar demasiado. No debe sorprendernos que un hombre que, según la interpretación que se dio en un principio, negaba la existencia de todas las cosas que vemos y tocamos, fuera ridiculizado y aun llamado loco. Pero no fue eso lo que molestó a Berkeley,[40] sino la poca acogida dispensada a la obra por parte del Conde de Pembroke, a quien la había dedicado, y el silencio del gran metafísico inglés Samuel Clarke, quien se rehusaba a comentarla.

Estos inconvenientes indujeron al autor del *Tratado* a hacer una exposición más sencilla. Para ello escogió la forma dialogada, publicando en 1713 los *Tres diálogos entre Hylas y Filonús*.[41] En esta obra Berkeley pone en boca de Filonús los argumentos que había expuesto en forma sistemática en el *Tratado* para probar su inmaterialismo; Hylas objeta los argumentos de Filonús desde el punto de vista del realismo que afirma la existencia de una realidad ajena a toda conciencia.

El primer diálogo tiene por objeto principal demostrar la imposibilidad de que existan, en un mundo no espiritual, cualquiera de las cualidades —sean primarias o secundarias– por medio de las cuales la materia se hace presente al hombre. Extrae Berkeley como consecuencia de esta tesis la conclusión de que el mundo material adquiere realidad en la conciencia de los sujetos que lo perciben.

En el segundo diálogo el autor polemiza en contra de la concepción de que la materia es la causa, el instrumento o la ocasión de las percepciones sensibles. Se afirma en este diálogo que el concepto de "materia no percibida" no tiene sentido y si lo tuviera implicaría una contradicción.

En el tercer diálogo se analizan las posibles objeciones que pueden oponerse a la concepción inmaterialista.

Tan pronto como terminó la redacción de los *Diálogos* –fines de 1712– Berkeley se dirigió a Londres con el objeto de hacerlos imprimir. En esa ciudad conoció a las personalidades más destacadas de las letras inglesas –Addison, Steele, Pope, Swift– y fue presentado a la corte de la Reina Ana.

En octubre de 1713 el Conde de Peterborough –quien había sido íntimo amigo de Locke– es enviado a Sicilia en misión diplomática. Gracias a una recomendación de Swift lleva como capellán a Berkeley, quien inicia así su vida de viajero que caracteriza al segundo período de su existencia.

Terminada la misión en 1714, Berkeley regresa a Londres para volver más tarde a Italia, donde permanece cerca de cinco años. En su diario de viaje[42] nos relata las peripecias de su estada en la península. Posiblemente es en esta época cuando redacta la segunda parte del *Tratado* que pierde en Italia y no vuelve a escribir nunca más.

En 1720, de regreso a Londres, tiene noticias de que la Academia de Ciencias de París había ofrecido un premio a la mejor disertación sobre "la causa del movimiento". Berkeley ve la oportunidad de desenvolver su doctrina aplicándola a un tema concreto y escribe en latín una obra titulada *De Motu*. No sabemos si fue presentada al concurso; lo único que sabemos es que no fue premiada. Esta obra tiene por objeto principal demostrar, en contra de la doctrina de Newton, que una explicación puramente físico-natural de la creación es insuficiente y que es necesario apelar a los conceptos de espíritu, inteligencia y libre manifestación de la actividad divina.

Al desembarcar en Inglaterra, su país estaba agitado por una grave crisis financiera como consecuencia del fracaso de la "South Sea Company". Berkeley atribuyó esa crisis a un relajamiento de los principios morales y escribió su *Ensayo para prevenir la ruina de Gran Bretaña,* que lo mismo que su obra *De Motu* apareció en Londres en 1721.

Su idealismo social, que ya aparece en su *Ensayo* se acrecentó cada vez más y le hizo concebir el sueño de una obra de evangelización en América. Diversas circunstancias favorecieron los planes de Berkeley, quien proyectó finalmente la fundación de un colegio en las islas Bermudas, destinado a formar los misioneros que más tarde irradiarían sobre el mundo una civilización regenerada.

En 1728, poco después de contraer matrimonio con Ana Forster, hija del político irlandés John Forster, emprendió viaje a América. La ayuda prometida no llegó; Berkeley esperó inútilmente en la ciudad de Newport, capital de Rhode Island, sin llegar jamás a las Bermudas. Vi-

vió en esa ciudad y en Whitehall durante dos años, donde conoció a numerosos misioneros americanos entre quienes se encontraba Samuel Johnson que fue más tarde el divulgador de la doctrina berkeleyana en América.

Durante esta época Berkeley escribió siete diálogos que publicó con el nombre de *Alciphron o el pequeño filósofo,* en Londres (1732). Esta obra es una apología de la religión cristiana en contra de los librepensadores personificados por Mandeville y Shaftesbury.

En la imposibilidad de obtener la ayuda prometida por el primer ministro Walpole, Berkeley vuelve a Londres en 1732. Después de dos años en esa ciudad es nombrado obispo de Cloyne en mayo de 1734; con esa fecha se inicia el tercero y último período de su vida.

No obstante la desilusión sufrida en América, Berkeley no perdió el entusiasmo que caracterizó a la segunda parte de su vida. Durante los veinticinco años que permaneció en Cloyne combatió a los librepensadores y se preocupó por los problemas económicos y sociales. Su última obra filosófica —*Siris*— es la mejor prueba de su preocupación social y de las tendencias evangélicas de su espíritu.

En efecto, en 1740 una terrible epidemia asolaba a Irlanda. El grave mal no pudo dejar de preocupar intensamente a Berkeley quien recordó que los indios americanos hacían uso del agua de alquitrán para curar muchas enfermedades. Las experiencias que realizó llegaron a entusiasmarle en tal forma que desde entonces consideró al agua de alquitrán como la panacea universal. Esta creencia culminó en *Siris,* publicado en 1744 y que llevaba como subtítulo: *Cadena de reflexiones e investigaciones filosóficas acerca de las virtudes del agua de alquitrán y otros diversos asuntos relacionados entre sí y que surgen unos de otros*. No debe creerse que éste sea un libro de medicina; es el último intento de Berkeley para expresar su concepción metafísica del universo y de las relaciones humanas y divinas. A. C. Fraser caracteriza esta obra llamándola "tratado filantrópico de metafísica médica". Una ingenua excentricidad une los experimentos científicos y las prescripciones médicas con un idealismo neoplatónico. Los contemporáneos de Berkeley no percibieron el sentido metafísico de esta obra y se trabaron en disputa sin fin sobre las cualidades asignadas al agua de alquitrán. Pero a no dudarlo *Siris* es, esencialmente, una obra de metafísica, en la que se sostiene que el universo es un ser animado en donde todos los movimientos están regulados por un fuego sutil, una especie de fluido vital que anima a todas las cosas.

Es ésta la última obra filosófica de Berkeley, quien dedicó los últimos años de su vida a la difusión de sus ideas sobre la supuesta panacea universal. En 1750 su salud comenzó a quebrantarse con motivo de una parálisis; abandonó su sede en Cloyne para radicarse en Oxford, donde murió el 14 de enero de 1753.

La valoración del pensamiento de Berkeley ha sufrido notables alternativas con el correr de las dos últimas centurias. Recobrados de la extraña impresión y de los malentendidos que causó en un principio su concepción, sus contemporáneos admitieron muy pronto que estaban frente a un pensador original. Clarke y Whiston, representantes destacados del pensamiento inglés de la época, compararon a Berkeley con Malebranche y Norris. Tiempo más tarde, comenzó a ser desestimado. Cierto es que su pensamiento no llegó a provocar ninguna escuela o dirección filosófica determinada y acaso sus únicos discípulos devotos los haya tenido en Norteamérica en sus contemporáneos Samuel Johnson y Jonathan Edwards.

Parece hoy aceptado que los grandes pensadores alemanes del siglo XVIII no conocían directamente la filosofía de Berkeley. Se cree que Kant no leyó ningún escrito de Berkeley y que Hegel lo conocía a través del quinto volumen de la *Geschichte der neuern Philosophie* de Buhle. Fichte lo consideraba un filósofo dogmático según la terminología de Kant, y aun hoy subsiste entre los pensadores alemanes la falsa creencia de que Berkeley es solipisista.

Al menos en el mundo de habla inglesa, un cambio radical se operó a partir de 1871 cuando Alexander Campbell Fraser publicó las obras completas en tres gruesos volúmenes, incluyendo algunos importantes escritos inéditos y un volumen suplementario sobre la vida y las cartas de Berkeley. Desde entonces los escritos de Berkeley adquirieron nueva vida publicándose, en lo que va de este siglo, numerosas ediciones de sus obras y traducciones a varios idiomas, sin contar los excelentes trabajos que se han escrito sobre su vida y su filosofía.[43] *Tres Diálogos entre Hilas y Filonús* ha sido su primera obra traducida al español (1923) y en 1939 se publicó por primera vez nuestra versión castellana del *Tratado*. La acogida dispensada por el público —la edición se agotó hace más de un año— prueba el interés que hay por la filosofía de Berkeley en Hispanoamérica.

Las interpretaciones erradas de su pensamiento aun perduran, sin embargo; y no tan sólo en los círculos latinoamericanos sino también en Europa.

Es común entre los comentaristas e historiadores de la filosofía reducir arbitrariamente la concepción de un pensador a sus antecesores. Pero un error aun más grave es interpretar a un filósofo a la luz de los pensadores que le siguen. Según el primer criterio Berkeley no es más que un Locke consecuente consigo mismo; y de acuerdo al segundo es tan sólo un Hume incompleto. Estas falsas apreciaciones se deben, fundamentalmente, a que se reduce su concepción total a uno de sus aspectos,[44] o se cree falsamente que Berkeley se ha apoderado de algunas ideas de sus antecesores para refundirlas en una síntesis o presentarlas en nueva combinación.

Parece hoy evidente que todo filósofo de verdad es una personalidad única, irreductible a sus antecedentes e incomparable a sus contemporáneos o continuadores. Pero es a un mismo tiempo un trozo de la historia de la cultura de la que no puede extraérsele sin menoscabar el sentido de la historia y de sus propias ideas. El olvido de uno de estos dos aspectos es responsable de las interpretaciones unilaterales tan comunes en la historia de la filosofía.

Por estar fuera de las finalidades de esta presentación introductoria al pensamiento de Berkeley dejaremos para otra oportunidad un estudio más completo y expondremos sucintamente sus contribuciones fundamentales a la historia de la filosofía.

En primer lugar, Berkeley destacó la importancia del problema gnoseológico mejorando notablemente el método psicológico-analítico iniciado por Locke.

Combatió con eficacia el dualismo de la sustancia extensa y pensante que adquirió en Descartes su máxima expresión y que desvió hacia pseudo-problemas la atención de un sector importante de la filosofía moderna. Y mostró los vicios de la clásica distinción de cualidades primarias y secundarias.

Pero acaso su mayor contribución consista en haber abierto una brecha a la concepción substancialista del mundo, con su doble ataque a la substancia corporal; labor que continuó Hume y la dirección más importante del pensamiento británico hasta nuestros días. Sin contar su nominalismo que, en opinión de Hume, fue el aporte más importante de Berkeley a la filosofía moderna.

III. Importancia y contenido del tratado

El *Tratado sobre los principios del conocimiento humano* es la obra más importante y sistemática de Berkeley y comparte con el *Ensayo sobre el entendimiento humano* de Locke y el *Tratado sobre la naturaleza humana* de Hume el más alto puesto alcanzado por una obra filosófica escrita en inglés.

Se publicó en el verano de 1710 como primera parte[45] de un *Tratado sobre los principios del conocimiento humano, donde se investigan las causas principales de los errores y dificultades de las ciencias y el fundamento del escepticismo, ateísmo e irreligión*.[46] Pertenece al segundo período de la vida del autor y fue redactada durante su estada en el Trinity College de Dublin. Fue precedida por una obra titulada *Ensayo de una nueva teoría de la visión*,[47] en la que el joven Berkeley había adelantado una nueva concepción de la realidad. Pero mientras que en el *Ensayo* el análisis se circunscribe a los fenómenos visuales, en el *Tratado* se lo aplica a todos los fenómenos de los sentidos con el objeto de afirmar una posición inmaterialista. Además, esta última obra contiene no sólo una exposición sistemática de su inmaterialismo, sino que comprende también las otras facetas de su filosofía a saber: nominalismo, espiritualismo y teísmo.

A su vez, esta obra es seguida por otra titulada *Tres diálogos entre Hylas y Filonús*, cuyo contenido es substancialmente igual al del *Tratado*. La diferencia es más bien de forma; en los *Diálogos* encontramos una exposición polémico-dramática de la doctrina que se expone sistemáticamente en el *Tratado*. Por ese mismo carácter, aquella obra está dirigida a un público general, mientras que ésta se dirige a los hombres cultos y en especial a los filósofos.

No debe sorprendernos esta doble redacción —una popular y otra técnica— de una misma doctrina, pues sabemos la acogida poco favorable dispensada al *Tratado* y el sinnúmero de interpretaciones erróneas que se hicieron de esa obra al poco tiempo de su aparición. Como lo dice el autor en el prólogo a los *Diálogos*, "convenía exponer más claramente y con mayor detalle ciertos principios" expuestos en el *Tratado*.

En 1734, Berkeley reeditó ambas obras. Esta segunda edición[48] del *Tratado* no difiere fundamentalmente de la primera. Hay algunos agregados y supresiones que no alteran el sentido de la obra. Lo único que merece destacarse es el nuevo significado atribuido al término *noción* [*notion*] que se había usado en la primera edición como sinónimo de *idea.* En la segunda edición, en cambio, *noción* se contrapone a *idea* y significa el modo especial de conocimiento que tenemos de los espíritus y de las relaciones.[49]

Veintitrés años después de la muerte de Berkeley —en 1776— apareció en Londres una edición del *Tratado* a cargo de un editor anónimo, quien criticó duramente los principios del autor en numerosas notas que aparecen en páginas opuestas al texto. El *Tratado* reapareció en todas las ediciones de las obras de Berkeley; la primera se hizo en 1784 y le siguieron las de 1820, 1837, 1843, 1871 y 1897-98. Esta última edición estuvo a cargo de G. Sampson; la única edición completa es la de 1871 a cargo de A. Campbell Fraser que fue reeditada en 1901 y que hemos utilizado en esta traducción.

Además de las ediciones citadas —y de algunas antologías— se hicieron otras que comprendían únicamente el *Tratado,* entre las que podemos citar la de Londres de 1870 y la de 1878 a cargo de Collyns Simon. En los Estados Unidos fue editado en 1874 y 1887 (Filadelfia) y en 1901 (Chicago).

Fue traducido al alemán por Ueberweg en 1869, y reeditado en 1879, 1896, 1900 y 1917; al francés por Renouvier en 1889 y reeditado en 1920 *y* 1926. En italiano existen las tres traducciones que citamos en nuestra *Advertencia,* y en castellano se publicó por primera vez la presente versión en diciembre de 1939.

Por tratarse de una obra que no está dividida en partes o capítulos, sino en secciones numeradas del 1 al 156 y que se suceden sin que tengan en algunos casos mayor relación entre sí, creemos de utilidad introducir algunas divisiones y exponer a grandes trazos el contenido de la obra.

La parte fundamental, que se titula *De los principios del conocimiento humano*, puede dividirse en tres. En la primera parte, que va de las secciones 1 a 33, el autor expone los "nuevos principios" que constituyen el núcleo central de esta obra y de la totalidad de su filosofía. En la segunda, que comprende las secciones 34 a 84, se contestan las objeciones que pudieran dirigirse en contra de los principios expuestos en la primera. Por último, en la tercera parte, que va de la sección 85 hasta el final se extraen las consecuencias y aplicaciones de los "principios".

El cuerpo central de la obra va precedido por una dedicatoria, un prólogo y una introducción. La dedicatoria y el prólogo no ofrecen interés filosófico, mientras que la introducción es de suma importancia para el estudio del nominalismo berkeleyano.

La introducción está dividida en 25 secciones[50] dedicadas en su mayor parte a polemizar en contra de los sostenedores de las ideas abstractas y en especial en contra de Locke.

Dichas secciones pueden ordenarse del siguiente modo:

1-5: Exordio y planteamiento general del problema.

6-10: Análisis de la pretendida facultad que tiene el hombre de abstraer ideas, y razones que hay para rechazar esa pretensión.

11-17: Crítica de los argumentos de Locke en favor de las ideas abstractas.

18-20: Estudio del lenguaje, como fuente de la abstracción.

21-25: Exposición de las ventajas que podrían obtenerse del uso correcto del lenguaje.

Como ya lo señalamos, en la primera parte de la obra (secs. 1 a 33) se enuncian y fundamentan los principios esenciales de la filosofía berkeleyana.

Se señala en primer término (sec. 1) el objeto del conocimiento —que corresponde al contenido de la conciencia— constituido por el conjunto de *las ideas* formadas por percepción exterior o interior, o debidas a la memoria o la imaginación. Además de las ideas existen los *espíritus* (sec. 2), que las perciben, conocen, imaginan, recuerdan, etcétera, puesto que la existencia de una idea consiste en ser percibida. Como nada existe fuera de las ideas y los espíritus, el llamado mundo físico —o cualquier otra realidad que podamos pensar— consiste en ser percibido (sec. 3). Esto es tan evidente que basta abrir los ojos para advertirlo (sec. 6). No hay pues ningún substrato (sec. 7) u original (sec. 8) de las ideas; ellas agotan su existencia en la percepción.

En base a la distinción entre cualidades primarias y secundarias (sec. 9) y por las mismas razones que se admite la subjetividad de las segundas (sec. 10), se probará la subjetividad de las primeras (secs. 14 y 15).

Se analiza luego el significado de la expresión *substancia material* y se llega a la conclusión de que carece de sentido (sec. 17) o implica una contradicción (sec. 24).

La afirmación de que el *espíritu* es el único ente activo, lleva a la conclusión de que el mundo material está desprovisto de poder y que todos los cambios de la naturaleza son el resultado de la voluntad del *espíritu* (secs. 25-27). Después de definir el *espíritu* (sec. 27), distingue entre las ideas que provocamos a placer (sec. 28) y las que no dependen de nuestra voluntad (sec. 29), y señala las diferencias entre ambas (sec. 30). Concluye que las ideas que son ajenas a nuestra voluntad, y que no tienen su origen en otras ideas pues éstas son inactivas (sec. 25), deberán ser producidas por una voluntad o Espíritu supremo (sec. 29).

Establecidos los principios que constituyen el fundamento de toda su filosofía, Berkeley contestará, en las secciones 34 a 84, a las supuestas objeciones que podrían dirigirse en contra de esos principios y que son los siguientes:

Primera objeción (secs. 34-40). De acuerdo a los principios enunciados, se substituye todo el mundo real por un esquema quimérico de ideas.

Respuesta: La distinción entre *ideas de los sentidos* e *ideas de la imaginación* anula esta objeción, puesto que las primeras no pueden ser provocadas caprichosamente por los espíritus finitos sino que se nos imponen en un orden ajustado a ciertas leyes. La objeción tendría sentido si entendiéramos por *idea* únicamente las de la imaginación.

Segunda objeción (sec. 41). Se anula la distinción entre

la percepción y la imaginación y entre quemarse realmente e imaginarse que se quema.

Respuesta: No, por las razones dadas en la respuesta anterior. Por otra parte, el dolor real, lo mismo que la imaginación de un dolor, no pueden producirse sino en un sujeto que lo percibe.

Tercera objeción (secs. 42-44). Vemos cosas a cierta distancia de nosotros, a varias millas por ejemplo. Es absurdo creer que esas cosas están en nuestros propios pensamientos.

Respuesta: ¿No percibimos en los sueños cosas a gran distancia de nosotros? Por otra parte se demostró en el *Ensayo de una nueva teoría de la visión*[51] que la distancia no es percibida por la vista sino sugerida por ciertas sensaciones (táctiles, musculares) que acompañan a la visión.

Cuarta objeción (secs. 45-48). Si ser es ser percibido las cosas se crean y se destruyen a cada instante.

Respuesta: Las cosas tienen realidad no cuando son percibidas por *mi* espíritu, sino por cualquier espíritu.

Quinta objeción (sec. 49). Si la extensión y la figura sólo existen en la mente serán un modo o atributo de ésta y por lo tanto la mente será extensa.

Respuesta: La extensión, la figura y todas las cualidades sensibles no existen como "modos" de la mente —pues ello sería ininteligible— sino como "ideas".

Sexta objeción (sec. 50). El progreso de la "filosofía natural" se basa en la existencia efectiva de la materia, ajena a todo espíritu que la perciba.

Respuesta: La "filosofía natural" se ocupa de *ideas,* como la figura, el movimiento, etcétera, y no de abstracciones como la llamada *substancia material.*

Séptima objeción (sec. 51). Según los *principios* no podríamos decir que el fuego calienta o el agua enfría sino que un espíritu calienta, etc., lo cual es ridículo.

Respuesta: En efecto lo es, pues debemos pensar con los doctos y habíar con el vulgo.

Octava objeción (secs. 54 y 55). La creencia natural del hombre rechaza la concepción de un mundo dependiente del espíritu.

Respuesta: Esta objeción no tiene valor, puesto que gran número de prejuicios y falsas opiniones rechazadas por los hombres que reflexionan, son aceptadas por el vulgo que constituye la mayoría de la humanidad.

Novena objeción (secs. 56-57). Predomina, sin embargo, la creencia natural que considera al mundo independiente del espíritu.

Respuesta: Al advertir los hombres que perciben ideas que no dependen de su voluntad, creen que esas ideas tienen una existencia independiente de la mente.

Décima objeción[52] (secs. 58-59). Los *principios* contradicen algunas verdades de las matemáticas y la filosofía natural, como el movimiento de la tierra, por ejemplo.

Respuesta: No se niega en ninguna parte el movimiento de la tierra y demás principios de la filosofía natural; sólo se los interpreta en su verdadero sentido.

Undécima objeción (secs. 60-66). ¿Qué sentido y qué valor tienen la organización y regularidad que encontramos en la naturaleza si todo se reduce a ideas y éstas pueden ser suscitadas, a voluntad, por Dios?

Respuesta: La regularidad de la naturaleza es necesaria para que podamos anticipar ciertos fenómenos y es una expresión de la constante presencia y del poder de Dios.

Duodécima objeción (secs. 67-79). Aunque se demuestre la no existencia de la "materia activa" nada se ha probado respecto a una "materia inactiva" que careciera de extensión, figura, solidez y movimiento y que podría ser la causa de nuestras ideas.

Respuesta: Es tan absurdo suponer accidentes sin una substancia, como suponer una substancia sin accidentes. Además, esa materia no podría existir ni en la mente ni en el espacio y su descripción se aproxima a la descripción de la nada.

Decimatercera objeción (secs. 80-81). La materia podría ser un "algo desconocido" que no fuera ni substancia ni accidente, ni espíritu, ni idea; todas las objeciones de carácter positivo que pudieran enunciarse en su contra no le alcanzarían.

Respuesta: Ese "algo desconocido" no podría distinguirse de lo que llamamos "nada".

Decimacuarta objeción (secs. 82-84). Aunque la razón no pudiera demostrar la existencia de la materia, debemos creer en ella como cristianos, pues las Sagradas Escrituras la suponen al aludir a las montañas, los ríos, las ciudades, los cuerpos humanos, etcétera.

Respuesta: La diferencia entre *cosas* e *ideas* ya ha sido aclarada en las secs. 29, 30, 33 y 36; en cuanto a la *materia abstracta* nada encontramos en las Sagradas Escrituras que pueda justificarla.

Una vez rechazadas las objeciones en contra de los principios establecidos en la primera parte del *Tratado,* el autor extrae, en la tercera y última parte de su obra[53] (secs. 85-156) las *consecuencias* y *aplicaciones* de esos principios.

Según Berkeley la correcta interpretación y aplicación de los *principios* nos servirá para:

a) Refutar el escepticismo, pues éste se basa en la "noción absurda" de que existen cosas reales fuera de la mente y en la distinción entre "cosas" e "ideas" (secs. 86-91).

b) Rechazar al ateísmo, la idolatría y el fatalismo que tienen también como fundamento la creencia en la realidad de la materia o de cuerpos no percibidos por un espíritu (secs. 92-96).

c) Liberar al pensamiento de las perniciosas ideas abstractas, que todo lo dificultan y que han sido el origen de tantas disputas inútiles (secs. 97-100).

d) Aclarar los conceptos de la filosofía natural desechando las abstracciones inútiles y mostrando que ella no es más que una interpretación de las ideas de los sentidos (secs. 101-117).

e) Simplificar las matemáticas eliminando las ideas abstractas y la creencia en la infinita divisibilidad de la extensión (secs. 118-134).

f) Sostener la fe en la inmortalidad del alma (secs. 135-144).

g) Refirmar nuestra fe en Dios a quien conocemos con más certeza y facilidad que al prójimo (secs. 146-156).

IV. Bibliografía [54]

DAWES HICKS, G., *Berkeley* (London, Oxford University Press, 1932).

WILD, John, *George Berkeley. A study of his life and philosophy* (Cambridge, Harvard University Press, 1936).

JOHNSTON, G. A., *The Development of Berkeley's Philosophy* (London, 1923).

LUCE, A. A., *Berkeley and Malebranche. A study in the origins of Berkeley's thought* (London, Oxford University Press, 1934).

DAVID, Maxime, *Berkeley* (Paris, Louis Michaud, 1912).

LEVI, Adolfo, *La filosofía de Giorgio Berkeley: metafísica e gnoseologia* (Torino, Bocca, 1912).

ROTTA, Paolo, *Berkeley* (Milano, Ed. Athena, 1925).

FRASER, A. C., *Berkeley* (London, Blackwood's Philosophical Classics, 1881).

FRASER, A. C., *Life and letters of George Berkeley* (London, At the Clarendon Press, 1871). Vol. IV de las obras completas. En la segunda edición (1901) aparece sintetizada al principio del vol. I.

GÉRARD, J., *L'idealisme de Berkeley* (Paris, 1876).

LYON, G., *L'idealisme en Anglaterre au XVIIIe siècle* (Paris, Alcan, 1888).

Notas

[1] Los pasajes más importantes sobre este tema —fuera de las notas en el *Commonplace Book*— son los siguientes: *A New Theory of Vision*, 123; *Tratado* introd. secs. 6-20; *Alciphron*, VII, 5, *Defense of Free Thinking in Mathematics*, secs. 45-48.

[2] Veinticinco años después mantiene su actitud frente a las ideas generales abstractas que considera "un error capital, causa de innumerables dificultades y disputas". (*A Defense of Free-Thinking in Mathematics*, sec. 48.) Las referencias entre paréntesis que figuran en el texto corresponden a las secciones del *Tratado*.

[3] Cfr. nuestra n. 24 de la Introd.

4 *Works*, ed. Fraser (1901), vol. III, pág. 361.

5 Sobre los diversos tipos de abstracción –legítimos e ilegítimos– cfr. *Tratado*, introd. sec. 10; y sec. 99.

6 Los pasajes principales del *Essay* de Locke que tratan sobre el tema son los siguientes: libro II, cap. XI, §§ 9-11; libro III, cap. III, §§ 6-9; y cap. VI; libro IV, caps. 6 y 7, y cap. 12, §§ 7-15.

7 *Essay*, IV, VII, § 9, cit. por Berkeley, introd. sec. 13.

8 Sobre las ideas, véase *infra* y notas a la sec. 1 del *Tratado*.

9 Introd. sec. 10. El subrayado es nuestro.

10 *Tratado* sec. 5. El subrayado es nuestro. Cfr. igualmente sec. cit. *in fine*.

11 Cfr., por ejemplo, *A New Theory of Vision*, § 123.

12 *Alciphron*, dial. VII, § 6.

13 Igual distinción en *A Defense of Free Thinking*, § 48.

14 Cfr. nuestra n. 24 de la Introd.

15 Autor de *Clavis Universalis*: or *A New Inquiry after Truth. Being a Demostration of the Non-Existence, or Imposibility, of an External World*, publicada en 1713.

16 A. A. Luce, *Berkeley and Malebranche* (London, Oxford University Press, 1934), pág. 128.

17 *Essay on Human Understanding*, libro II, cap. VIII, §§ 8-26. Boyle, amigo de Locke, había distinguido con anterioridad estas dos clases de cualidades. Una distinción similar se encuentra ya en Demócrito y posteriormente en Galileo, Hobbes y Descartes. Según F. Pillón, Locke la tomó de Descartes y sus discípulos.

18 Trad. cast., págs. 44 y 46.

19 Se refiere al caso en que un mismo objeto sea mirado a simple vista y al microscopio.

20 *Op. cit.*, pág. 49.

21 Es evidente que no pueden separarse las ideas y el espíritu que las percibe (sec. 98 *in fine*) pero acaso la denominación de *espiritualismo*, que proponemos, tiene más derecho que la de *idealismo*, usada comúnmente, para caracterizar este aspecto de la filosofía de Berkeley.

22 Sobre el término *noción* véanse nuestras notas a las secs. 5, 27, 38, 138 y 142.

23 Se ocupa del auto-conocimiento en las secs. 135-144.

24 El conocimiento del prójimo es uno de los pocos ternas que estudia en el *Tratado* y que no aparece para nada en el *Commonplace Book*.

25 *Tres Diálogos entre Hilas y Filonús*, III, trad. cast. pág. 116.

26 *Loc. cit.* En sus primeros años de meditación concibió al espíritu de distinto modo. En el *Commonplace Book* escribió que "el espíritu es un cúmulo [*congeries*] de percepciones" (ed. Fraser, 1901, I, pág. 27). Es éste, por cierto, un antecedente muy interesante y poco conocido de la famosa doctrina de Hume sobre el yo como un haz de percepciones.

G. Dawes Hicks, cree que en la proposición citada Berkeley intenta tan sólo expresar que no puede existir el espíritu sin las ideas. Cfr. su obra, *Berkeley*, (Oxford Univ. Press, 1932) pág. 150.

27 Libro IV, cap. I, § 1.

28 *Essay*, libro II, cap. VIII, § 8, Cfr. *op. cit.* introd., § 8ª.

29 En la sec. 148 del *Tratado*, por ejemplo, Berkeley usa el término idea en uno y otro sentido.

30 Cfr. los agregados de la segunda edición a las secs. 89 y 142.

31 Cfr. en igual sentido, secs. 26 y 146.

32 Un razonamiento similar en Locke, *Essay*, libro IV, cap. X. Sobre la concepción de Dios, sin embargo, no es Locke sino Malebranche quien ejerce mayor influencia. Cfr. A. A. Luce, *Berkeley and Malebranche*, págs. 111-125.

33 Si bien en la sec. 147 se dice que conocemos a Dios en forma cierta e inmediata, éste último término no está usado en sentido riguroso, como se desprende del agregado: "como a cualquier otra mente o espíritu distinto del propio". Recuérdese que el conocimiento de los otros espíritus no es inmediato (sec. 145). Cfr. *Alciphron*, dial IV, § 5.

34 Véanse nuestros trabajos *Influencia de Descartes sobre el idealismo de Berkeley*, Instituto de Filosofía de la Universidad de Buenos Aires, 1937, y *Descartes y la filosofía inglesa del siglo XVII*, Universidad Nacional de La Plata, 1938.

35 El *Commonplace Book* fue publicado por primera vez por A. C. Fraser en 1871. A. A. Luce sostiene, en su reciente y cuidadosa edición —en contra de la opinión admitida— que se trata de comentarios a una obra anterior que no conocemos. Cfr. *Philosophical Commentaries generaly called the Commonplace Book* edited by A. A. Luce (London, Thomas Nelson, 1944) págs. XXXII-XXXXIX.

36 *Commonplace Book*, ed. A. C. Fraser (1901), pág. 7. "Idea general" equivale a "idea general abstracta".

37 *Op. cit.*, pág. 84.

38 *Op. cit.*, pág. 10.

39 *Op. cit.*, pág. 59.

40 Ver la carta de Berkeley a Sir John Percival, citada por A. C. Fraser, Vol. I, págs. 352-353.

41 Hay traducción castellana de V. Viquieira (Madrid, Calpe, 1923).

42 *Journal in Italy;* escrito en los años 1717 y 1718 y publicado por primera vez en 1871 en las obras completas editadas por A. C. Fraser.

43 Cfr. la bibliografía al final de este estudio.

44 Cfr. la primera parte de nuestro estudio preliminar.

45 Se cree que la segunda parte fue escrita, pero perdida durante un viaje en Italia; lo cierto es que no llegó a publicarse.

46 A *Treatise concerning the Principles of Human Knowledge wherein the chief causes of error and difficulty in the Sciences, with the grounds of scepticism, Atheism, and Irreligion, are inquired into.* La obra fue impresa por Aaron Rhames, para Jeremy Peypat, bookseller, in Skinner Row, Dublin.

47 *An Essay Towards a New Theory of Vision,* publicado en 1709.

48 Publicada en Londres, "Printed for Jacob Tonson", en la víspera de la partida de su autor para Cloyne.

49 Cfs. secs. 5, 27, 89, 138 y 142.

50 En un borrador que se encuentra en la Biblioteca del *Trinity College* de Dublin, la Introducción no se halla dividida en secciones. Este manuscrito difiere en algo de la Introducción que Berkeley publicó en 1710. Véase nuestra nota 24 de la Introd.

51 Secs. 11 y 15.

52 Berkeley pasa de la octava a la décima objeción. Cfr. nuestra nota a la sec. 58.

53 Según A. A. LUCE, *Berkeley and Malebranche,* pág. 96, en la sección 86 se inicia una verdadera segunda parte del *Tratado,* con unidad propia y que trata del cuádruple objeto del conocimiento: las ideas, el propio espíritu, el prójimo y Dios. En favor de su tesis destaca el hecho de que a partir de esta sección Berkeley utiliza una nueva libreta para sus manuscritos, que se conserva en el Museo Británico.

Si bien reconocemos que la repetición de ciertas ideas fundamentales enunciadas en la primera parte dan a las secciones que siguen cierto carácter independiente, la sección 85, redactada con anterioridad, muestra el enlace de ambas partes.

54 Para una bibliografía más completa cfr. T. E. Jessop, *A Bibliography of George Berkeley* (London, Oxford University Press, 1934); y G. Papini, Saggio di bibliografía berkeleyana, en *Rinnovamento,* 1908, fasc. II, págs. 254-261.

Tratado sobre los principios del conocimiento humano

*Donde se investigan las causas principales de los errores
y dificultades de las ciencias y el fundamento
del escepticismo, ateísmo e irreligión*

Al honorabilísimo
Thomas, Conde de Pembroke, etc.[1]
Caballero de la Nobilísima Orden de la Jarretera
y miembro del Honorabilísimo Consejo Privado
de Su Majestad

Señor:

Posiblemente de que una persona oscura, que no tiene el honor de ser conocido por vuestra señoría, se atreva a dirigirse a vos de esta manera. Pero que un hombre que ha escrito algo cón el propósito de fomentar en el mundo el conocimiento útil y la religión os escoja como protector, no será considerado extraño por ninguno que no sea completamente ajeno al estado actual de la iglesia y del conocimiento, e ignore por consiguiente cuánto honráis y sostenéis a ambos. Sin embargo, nada hubiera podido inducirme a ofreceros mis pobres esfuerzos, si no hubiera sido alentado por la sinceridad y natural bondad que son partes tan destacadas de vuestro carácter. Me permitiré agregar, señor, que el extraordinario favor y generosidad que habéis mostrado hacia nuestra Sociedad,[2] me dieron esperanzas para creer que no os consideraríais mal dispuesto a patrocinar los estudios de uno de sus miembros. Estas consideraciones me indujeron a poner este Tratado a los pies de vuestra señoría, no porque ambicionara que él fuera conocido, sino por el sincero y profundo respeto que os debo por la sabiduría y virtud que el mundo admira con justicia en vuestra señoría.

Señor,
de vuestra señoría su más humilde y ferviente servidor.

GEORGE BERKELEY

Notas

[1] Thomas Herbert, Conde de Pembroke y de Montgomery (1656-1733) ocupó los más altos puestos públicos durante los reinados de Guillermo y María, y de Ana. Locke le dedicó su famoso *Ensayo sobre el entendimiento humano,* publicado en marzo de 1690, y mantuvo con él estrechos vínculos de amistad. (N. del T.)

[2] Se refiere al *Trinity College* de Dublin. (N. del T.)

Prólogo del autor

Lo que aquí hago público me ha parecido —después de largo y riguroso examen— evidentemente verdadero y su conocimiento no desprovisto de utilidad, en particular para aquellos que están contaminados por el escepticismo o necesitan una demostración de la existencia e inmaterialidad de Dios o de la inmortalidad natural del alma. Deseo que el lector examine imparcialmente si es así o no; pues no busco el éxito de lo que he escrito sino en tanto se ajusta a la verdad. Pero a fin de que ésta no sufra, ruego al lector que suspenda su juicio hasta que haya leído la obra, por lo menos una vez, con el grado de atención y reflexión que la materia de que trata parece merecer. Pues hay algunos pasajes que tomados en sí mismos (y esto no pudo remediarse), podrían ser totalmente mal interpretados y acusados de las más absurdas consecuencias que, sin embargo, no se desprenderían de ellos después de una lectura completa de la obra. Por otra parte, aunque se leyera el libro íntegramente, pero con ligereza, sería muy probable que mi pensamiento fuera mal entendido; en cambio me jacto de que un lector atento lo encontrará todo muy claro y evidente.

Espero que sea innecesario presentar excusas por los caracteres de novedad y singularidad que parecerían tener algunas de las nociones que siguen. Dará, seguramente, grandes muestras de debilidad y de estar poco familiarizado con las ciencias, quien rechace una verdad que puede ser demostrada, sin otra razón que por haber sido recientemente descubierta y contrariar los prejuicios de la humanidad.

He considerado conveniente estas explicaciones para prevenir, si fuera posible, la apresurada censura de aquellos hombres que están demasiado dispuestos a condenar una opinión antes de haberla entendido debidamente.

Introducción del autor

1. La filosofía no es más que el estudio de la sabiduría y de la verdad, de ahí que pueda esperarse con razón que aquellos que le han dedicado mucho tiempo y fatigas gocen de una mayor calma y serenidad del espíritu, de una mayor claridad y evidencia de conocimiento y estén menos perturbados por dudas y dificultades que los otros hombres. Vemos, sin embargo, a la masa inculta de la humanidad que sigue el camino del sentido común y que está gobernada por los dictados de la naturaleza, permanecer en su mayor parte exenta de inquietudes y de preocupaciones. Nada que sea familiar les parecerá extraño o difícil de comprender. No se quejan de la falta de evidencia de los datos de los sentidos y no corren ningún peligro de caer en el escepticismo. Pero tan pronto como nos apartamos de los sentidos y del instinto para seguir la luz de un principio superior, para razonar, meditar y reflexionar sobre la naturaleza de las cosas, miles de dudas surgen en nuestros espíritus sobre aquellas cosas que antes creíamos entender completamente. En todas partes se descubren a nuestra vista prejuicios y errores de los sentidos y

al esforzarnos para corregirlos por medio de la razón, somos insensiblemente arrastrados a extrañas paradojas, dificultades e inconsistencias que se multiplican y crecen a medida que avanzamos en la especulación, hasta que, al fin, después de haber vagado a través de muchos intrincados laberintos, nos encontramos nuevamente donde estábamos, o, lo que es peor, envueltos en un desconsolado escepticismo.

2. Se cree que la causa de esto es la oscuridad de las cosas o la natural debilidad e imperfección de nuestro entendimiento. Se dice que las facultades que tenemos son pocas y que han sido destinadas por la naturaleza al sostenimiento y placer de la vida Y no a penetrar en la esencia interna y en la constitución de las cosas.[1] Además, por ser la mente del hombre finita, no es extraño que caiga —cuando trata de cosas que participan de lo infinito— en absurdos y contradicciones de las que no puede luego librarse, puesto que está en la naturaleza de lo infinito el no poder ser comprendido por lo que es finito.

3. Pero tal vez seamos demasiado indulgentes con nosotros mismos al atribuir la culpa a nuestras facultades y no más bien al errado uso que hacemos de ellas.[2] Es difícil suponer que deducciones correctas de principios verdaderos den consecuencias que no pueden ser mantenidas o sean inconciliables entre sí. Debemos creer que Dios ha usado de mayor benevolencia para con los hijos de los hombres que la que se desprendería de haberles dado el ardiente deseo de un conocimiento que ha colocado totalmente fuera de su alcance. No estaría esto de acuerdo con los usuales y generosos métodos de la Provi-

dencia, la cual, cualquiera que sean los apetitos que ha puesto en las criaturas, les suministra comúnmente los medios que, usados rectamente, no pueden dejar de satisfacerlos. En general me siento inclinado a pensar que la mayor parte de las dificultades, si no todas, que hasta ahora han distraído a los filósofos y les han cerrado el camino al conocimiento, nos son enteramente imputables. Levantamos primero una nube de polvo y luego nos quejamos de no poder ver.

4. Mi propósito es, por lo tanto, tratar de descubrir qué son esos principios que han introducido toda esa duda e incertidumbre y todos esos absurdos y contradicciones en las diversas escuelas filosóficas; a tal punto que los hombres más sabios han pensado que nuestra ignorancia era incurable, pues creían que ella se debía a la natural torpeza y limitación de nuestras facultades. Ciertamente es una tarea que merece todo nuestro empeño el emprender una investigación rigurosa sobre los Primeros Principios del Conocimiento Humano; separarlos y examinarlos en todos sus aspectos, especialmente desde que es posible que haya algún fundamento para sospechar que aquellos obstáculos y dificultades que detienen y estorban el espíritu en su investigación de la verdad, no surgen de ninguna oscuridad o intrincamiento de los objetos, o de algún defecto natural del entendimiento, sino más bien de los falsos principios sobre los cuales se ha persistido y que podrían haber sido evitados.

5. Por más difícil y desalentador que pueda parecerme este intento, cuando considero el elevado número de grandes y extraordinarios hombres que me han precedido

en igual propósito, tengo sin embargo algunas esperanzas al considerar que la visión más amplia no es siempre la más clara y que quien es corto de vista está obligado a acercar el objeto y puede, posiblemente, percibir por medio de un examen atento y escrupuloso lo que ha escapado a ojos muchos mejores.

6. Con el objeto de preparar el espíritu del lector para que comprenda con más facilidad lo que sigue, es bueno establecer algo, a modo de introducción, sobre la naturaleza y abuso del lenguaje. Pero el desarrollo de este asunto me lleva, en cierto modo, a anticipar mi propósito, pues debo prestar atención a algo que parece haber sido causa importante en convertir en intrincada y confusa la especulación y haber ocasionado innumerables errores y dificultades en casi todas las ramas del conocimiento. Y ello es la opinión de que la mente tiene el poder de formar ideas[3] o nociones *abstractas*[4] de las cosas. Quien no sea un perfecto extraño a los escritos y disputas de los filósofos, deberá reconocer que una parte no pequeña de ellos está consagrada a las ideas abstractas. Se cree que éstas son el objeto de las ciencias llamadas lógica y metafísica y de todo aquello que corre con el nombre de saber más abstracto y sublime; en todo lo cual se encontrará difícilmente tratada alguna cuestión sin que se suponga la existencia de las ideas abstractas en la mente y que ésta las conoce perfectamente bien.

7. Todo el mundo está de acuerdo en que las *cualidades* o *modos* de las cosas no existen por sí mismos y separados de los demás, sino que están —por así decirlo— mezclados y combinados en un mismo objeto. Pero, se dice,

el espíritu es capaz de considerar cada cualidad en particular o abstraída de aquellas otras cualidades con las que está unida y formar de este modo *ideas abstractas.* Por ejemplo, se percibe con la vista un objeto extenso, con color y en movimiento; la mente descompone esta idea mixta o compuesta en las partes simples que la constituyen y tomándolas cada una en sí misma y excluida del resto, forma las ideas abstractas de extensión, color y movimiento. No es que el color o el movimiento existan sin la extensión, sino sólo que la mente puede formarse a sí misma, por abstracción, la idea de color sin la extensión y la de movimiento sin la de color y la de extensión.

8. Además, al observar el espíritu que en las extensiones particulares percibidas por los sentidos hay algo común y semejante y algo peculiar, como ser ésta o aquella forma o magnitud, que las distingue una de otras, considera aparte o aísla aquello que es común, formando así la más abstracta idea de extensión, que no es ni una línea, ni una superficie, ni un sólido, ni tiene forma o magnitud, sino que es una idea enteramente separada de todas ellas. De la misma manera la mente forma la idea de color en abstracto, apartando de los colores particulares percibidos por los sentidos aquello que distingue unos de otros, y reteniendo lo que es común a todos; ese color en abstracto no es ni rojo, ni azul, ni blanco ni ningún otro color determinado. Y de la misma manera forma la idea abstracta de movimiento, considerándolo separado, no solamente del cuerpo movido sino también de la figura que describe y de todas las direcciones y velocidades particulares; esta idea corresponde igualmente a cualquiera de los mo-

vimientos particulares que puedan ser percibidos por los sentidos.

9. Y de la misma manera como la mente forma ideas abstractas de *cualidades* o *modos,* es decir, por separación mental, obtiene ideas abstractas de *seres* más complejos que reúnen diversas cualidades coexistentes. Por ejemplo, al observar la mente que Pedro, Jacobo y Juan se asemejan por la forma u otras cualidades, aparta de la idea compleja o compuesta que tiene de Pedro, de Jacobo o de cualquier otro hombre particular, aquello que es peculiar a cada uno y retiene lo que es común a todos y forma así una idea abstracta en la que participan por igual todos los seres particulares; haciendo completa abstracción y separándola de todas aquellas circunstancias y diferencias que podrían determinar cualquier existencia particular. Y de esta manera se dice que llegamos a la idea abstracta de *hombre,* o si se quiere de humanidad o de naturaleza humana; en quien, es cierto, va incluido un color, pues no hay hombre que no tenga algún color, pero que no puede ser ni blanco ni negro ni otro color particular, puesto que no hay ningún color particular que convenga a todos los hombres. Del mismo modo, en la idea de hombre está incluida la estatura, pero no puede ser ni estatura alta ni baja ni tampoco mediana, sino algo abstraído de todas ellas. Y así sucesivamente. Más aun, habiendo una gran variedad de otras criaturas que participan en algo, si bien no en todo, de la idea compleja de hombre, la mente deja de lado aquellas partes que son peculiares a los hombres y reteniendo únicamente aquellas que son comunes a todas las criaturas vivientes forma la idea de *animal,* la

cual es una abstracción no sólo de todos los hombres particulares sino de todos los pájaros, bestias, peces e insectos. Las partes constitutivas de la idea abstracta de animal son el cuerpo, la vida, los sentidos y el movimiento espontáneo. Por *cuerpo* se entiende cuerpo sin una forma o figura particular, pues no hay ninguna forma o figura común a todos los animales; y sin que esté cubierto con pelos o plumas o escamas y tampoco desnudo, puesto que los pelos, las plumas, las escamas y la desnudez son las propiedades distintivas de animales particulares y por dicha razón son dejadas fuera de la idea abstracta. Por la misma razón el movimiento espontáneo no debe ser ni caminar, ni volar, ni arrastrarse; debe ser, sin embargo, un movimiento, pero no es fácil concebir de qué movimiento se trata.

10. Si otros tienen esta facultad maravillosa de abstraer sus ideas, ellos lo sabrán mejor que yo. Por mi parte[5] encuentro realmente que tengo la facultad de imaginar o representarme las ideas de aquellas cosas particulares que he percibido y unirlas y dividirlas de diversas maneras. Puedo imaginar un hombre con dos cabezas o la parte superior de un hombre unida al cuerpo de un caballo. Puedo considerar la mano, el ojo y la nariz abstraída o separada del resto del cuerpo; pero cualquiera que sea la mano o el ojo que imagine, debe tener alguna forma o color particular. De la misma manera, la idea de hombre que me forme debe ser de un blanco, negro o moreno, erguido o encorvado, alto, bajo o de mediana estatura. No puedo, por ningún esfuerzo de pensamiento, concebir la idea abstracta antes descrita. Y me es igualmente imposible for-

marme la idea abstracta de movimiento distinta del cuerpo que se mueve y que no es ni rápido ni lento, ni curvilíneo ni rectilíneo; y lo mismo puede decirse de cualquiera otra idea general abstracta. En verdad, confieso ser yo también capaz de poder abstraer en un sentido: cuando considero algunas partes o cualidades particulares separadas de otras, las cuales, si bien están unidas en algún objeto, pueden existir realmente sin ellas. Pero niego que pueda abstraer o concebir separadamente aquellas cualidades que no pueden existir separadas; o que pueda formarme una noción general abstrayéndola de los casos particulares del modo señalado anteriormente —las cuales son las dos acepciones correctas de *abstracción*—. Y hay razón para creer que la mayoría de los hombres reconocen estar en mi situación. La generalidad de los hombres simples o incultos nunca tienen la pretensión de abstraer ideas. Se dice que son difíciles y que no pueden alcanzarse sin trabajo y estudio; por lo tanto podemos concluir razonablemente que ellas —si existen— están reservadas solamente a las personas cultas.

11. Pasaré a examinar lo que pueda aducirse en defensa de la doctrina de la abstracción y tratar de descubrir qué cosa conduce a los hombres especulativos a abrazar una opinión tan alejada del sentido común como ésta parece ser. Un filósofo[6] recientemente desaparecido[7] y justamente estimado, que sin duda ha dado a ella gran apoyo, parecía creer que la mayor diferencia del punto de vista del entendimiento entre el hombre y la bestia, consistía en que el primero es capaz de tener ideas generales abstractas. "El tener ideas generales", dice, "es lo que estable-

ce una perfecta distinción entre el hombre y las bestias, y es una perfección que las facultades de las bestias no alcanzan de ningún modo. Pues es evidente que no observamos rastros de que hayan hecho uso de signos generales para ideas universales, por lo cual tenemos derecho a suponer que ellas no tienen facultad de abstraer o de formar ideas generales ya que no hacen uso de palabras o de otros signos generales." Y un poco después: "Creo, por lo tanto, que podemos suponer que se distinguen en esto las especies animales de los hombres, y que es ésta la diferencia que los separa completamente y que termina por poner entre ambos una distancia considerable. Pues si tienen algunas ideas y no son meras máquinas (como alguien[8] sostuvo), no podemos negarles que tienen algo de razón [*reason*]. Me parece tan evidente que algunos de ellos razonan, en ciertos casos, como que tienen sentidos; pero sólo se refieren a ideas particulares tal como las reciben de los sentidos. Aun los mejores están constreñidos por estos estrechos límites y no tienen —según creo— la facultad de ampliarlos por medio de ninguna clase de abstracción". (*Essay on Human Understanding*, libro II, cap. 11, § 10 y 11.) Comparto gustoso con este ilustrado autor la idea de que las facultades de las bestias no pueden llegar, de ningún modo, a la abstracción. Pero si esto se establece como propiedad distintiva de aquella clase de animales, temo que muchos de aquellos que pasan por hombres deban contarse entre su número. La razón que se da aquí, para demostrar que no tenemos fundamento para pensar que las bestias tienen ideas generales abstractas, es que observamos que ellas no hacen uso de las palabras o de cualquier otro signo general; esto se funda en la suposición de que el hacer uso de palabras implica el tener ideas generales. De lo cual se sigue que los hombres que hacen uso de lenguaje son capaces de abstraer o generalizar sus ideas. Que éste es el sentido y la manera de argumentar del autor aparecerá en su respuesta a una pregunta que se plantea en otro lugar: "Si todas las cosas que existen son particulares, ¿cómo llegamos a los términos generales?" Su contestación es: "Las palabras se tornan generales cuando se las toma como signos de las ideas generales". (*Essay on Human Understanding* [*Ensayo sobre el entendimiento humano*], libro III, cap. 3, § 6). Pero parece que una palabra[9] se torna general cuando se la toma como signo, no de varias ideas particulares, cualquiera de las cuales es indistintamente sugerida por ella a la mente. Por ejemplo, cuando se dice que "el cambio de movimiento es proporcional a la fuerza que se le imprime" o que "todo lo que tiene extensión es divisible", deben entenderse estas proposiciones como movimiento y extensión en general; y, sin embargo, no se sigue que ellas sugieran a mi pensamiento una idea[10] de movimiento sin un cuerpo que se mueva o sin una dirección y velocidad determinada; o que deba concebir una *idea general abstracta* de extensión, que no es ni una línea, ni una superficie, ni un sólido, ni tampoco grande o pequeño, negro, blanco o rojo, ni de ningún otro color determinado. Implica tan sólo que ese axioma es igualmente verdadero para cualquier movimiento particular que se considere, ya sea rápido o lento, perpendicular, horizontal u oblicuo, y en cualquier objeto. Como sucede también con el otro axioma respecto a toda extensión particular, sin que interese para nada si es una línea, superficie o sólido, o si es de ésta o aquella magnitud o figura.

12. Observando cómo las ideas se tornan generales, podemos juzgar mejor cómo lo hacen las palabras. Y aquí es necesario señalar que no niego en absoluto que haya *ideas generales,* sino solamente que haya *ideas generales abstractas*; pues en los pasajes que hemos citado donde se menciona las ideas generales siempre se supone que están formadas por abstracción, de la manera ya expuesta en las secciones 8 y 9.[11] Ahora bien, si queremos dar un significado a nuestras palabras y habíar únicamente de lo que podemos concebir, creo que debemos reconocer que una idea, que considerada en sí misma es particular, se vuelve general cuando se le hace representar u ocupar el lugar de todas las otras ideas particulares de la misma clase. Para aclarar esto con un ejemplo, supongamos que un geómetra demuestre el método para dividir una línea en dos partes iguales. Traza, por ejemplo, una línea negra de una pulgada de largo; ésta, que en sí misma es una línea particular, es, sin embargo, general *respecto a su significado,* ya que, como ahí se la usa, representa cualquier línea particular; de modo que lo que se demuestra de ella, se demuestra de todas las líneas, o, en otras palabras, de una línea en general. Y como *esa línea particular* se vuelve general al transformarla en signo, así el *nombre* línea, que tomado en términos absolutos es particular, al ser convertido en signo se vuelve general. Y como la línea en el primer caso, no debe su generalidad al haber sido signo de una línea abstracta o general, sino de todas las líneas rec-

tas particulares que puedan existir, así en el segundo caso debe pensarse que el nombre deriva su generalidad de la misma causa, es decir, de la variedad de líneas particulares que él denota indistintamente.

13. Para dar al lector una visión aun más clara de la naturaleza de las ideas abstractas y de los usos que se les atribuyen como necesarios, añadiré un pasaje más tomado del *Essay on Human Understanding*, que dice así: "Las ideas abstractas no son tan claras y fáciles para los niños y para las mentes aun no capacitadas, como lo son las ideas particulares. Si parecen fáciles a los adultos es debido al uso constante y familiar que se hace de ellas. Pues cuando reflexionamos con cuidado, encontramos que las ideas generales son ficciones e invenciones de la mente que acarrean en sí dificultades y no se presentan tan fácilmente como querríamos imaginar. Por ejemplo, ¿no se necesita acaso trabajo y habilidad para formar la idea general de triángulo (que, sin embargo, no es una de las más abstractas, amplias y difíciles), pues no ha de ser ni oblicuángulo ni rectángulo, ni equilátero, isósceles o escaleno, sino todos y ninguno de ellos al mismo tiempo? En efecto una idea[12] en la que partes de varias ideas distintas e incompatibles están reunidas, es algo imperfecto que no puede existir. Es verdad que la mente, en este estado imperfecto, tiene necesidad de tales ideas y las forma con tanta prisa como puede para comodidad de comunicación y ampliación del conocimiento, a las cuales se siente naturalmente muy inclinado. Pero, sin embargo, se tiene razón para sospechar que tales ideas son signos de nuestra imperfección. Al menos esto es suficiente para

demostrar que las ideas más abstractas y generales no son aquellas con las cuales la mente se familiariza primero y con más facilidad, ni tampoco aquellas de las cuales se ocupa primero el conocimiento" (Libro IV, cap. 7, § 9). Si algún hombre tiene la facultad de formar en su mente una idea de triángulo tal como se la describe aquí, es vano pretender disputar sobre esta facultad, ni yo deseo hacerlo. Todo lo que yo deseo es que el lector busque en forma completa y con certidumbre si tiene tal idea o no.[13] Y me parece que esto no es para nadie tarea demasiado pesada. ¿Qué más fácil para cualquiera que mirar un poco dentro de sus propios pensamientos y tratar de ver si tiene, o si puede llegar a tener, una idea que corresponda a la descripción que se da aquí de la idea general de triángulo, que no es ni oblicuángulo ni rectángulo, equilátero, isósceles o escaleno, sino todos y ninguno de ellos al mismo tiempo?

14. Mucho se ha dicho aquí de las dificultades que acarrean las ideas abstractas y el desvelo y la habilidad que se requieren para formarlas. Todos están de acuerdo en que se necesita mucho trabajo y esfuerzo mental para liberar nuestros pensamientos de los objetos particulares y elevarlos a aquellas sublimes especulaciones a las que se refieren las ideas abstractas. De todo lo cual, la consecuencia natural parece ser que una cosa tan difícil como el formar ideas abstractas, no era necesaria para la *comunicación,* que es tan fácil y familiar a toda clase de hombres. Pero, se nos dice, si ellas parecen obvias y fáciles a los adultos, es sólo debido al uso constante y familiar que hacen de ellas. De buena gana quisiera saber en qué época

es que los hombres se esfuerzan por sobrepasar esa dificultad y se proveen con esas ayudas necesarias para el discurso. No puede ser cuando son adultos, pues entonces parece que no tienen conciencia de tales fatigas. Queda, por lo tanto, que sea preocupación de la niñez; y seguramente se encontrará que el trabajo grande y múltiple de formar nociones abstractas es una tarea demasiado pesada para esa tierna edad. ¿No es acaso difícil imaginar que dos niños no puedan charlar sobre sus golosinas, juguetes y el resto de sus pequeñas chucherías hasta que no hayan reunido innumerables incongruencias y formado así en sus mentes ideas generales abstractas y no las hayan asociado a cada nombre común de que hicieran uso?

15. Ni tampoco creo que las ideas generales abstractas sean más necesarias para la *amplificación del conocimiento* que para la comunicación. Sé que un punto sobre el que se insiste es que todo conocimiento y demostración se refiere a nociones universales —y en esto estoy completamente de acuerdo—. Pero no me parece que esas nociones se formen por abstracción en el modo indicado, no consistiendo la *universalidad,* en lo que yo puedo comprender, en la absoluta y positiva naturaleza o concepción de una cosa cualquiera, sino en la relación que tiene con las cosas particulares significadas o representadas por ella; por cuya virtud es que las cosas, nombres o nociones que son *particulares* por su propia naturaleza, se *tornan universales.* Así, cuando demuestro una proposición cualquiera acerca de los triángulos, se supone que tengo a la vista la idea[14] universal del triángulo; lo cual no debe ser entendido como si yo pudiera formar-

me una idea de un triángulo que no fuera ni equilátero, ni escaleno, ni isósceles; sino sólo que el triángulo particular que considero, de esta o aquella clase indistintamente, sustituye y representa a todos los triángulos rectilíneos y es en ese sentido universal. Todo lo cual parece muy claro y exento de dificultades.

16. Pero aquí se preguntará cómo podemos saber que una proposición cualquiera es verdadera para todos los triángulos particulares, a menos que primero la hayamos visto demostrada respecto a la idea abstracta de triángulo, que concuerda igualmente con todos. Puesto que si se demuestra que una propiedad concuerda con algún triángulo particular, no se desprende de ello que le pertenece igualmente a cualquier otro triángulo que no sea enteramente igual a él. Por ejemplo, si se demuestra que los tres ángulos de un triángulo rectángulo e isósceles son iguales a dos rectos, no puede deducirse que esta propiedad se encuentre en todos los otros triángulos que no tienen ni un ángulo recto ni dos lados iguales. Me parece por lo tanto que, para estar seguro de que esta proposición es universalmente verdadera, debemos hacer una demostración particular para cada triángulo particular, lo cual es imposible, o demostrarla una vez por todas en una idea abstracta de triángulo en la que participen indistintamente todos los triángulos particulares y por la que todos ellos están igualmente representados. A lo cual contesto que aun cuando la idea que tengo delante mientras hago la demostración sea, por ejemplo, la de un triángulo rectángulo e isósceles cuyos lados son de una longitud determinada, puedo, sin embargo, estar seguro que se extiende

a todos los otros triángulos rectilíneos, de cualquier clase o tamaño. Y eso se debe a que ni el ángulo recto, ni la igualdad, ni la determinada longitud de los lados, están implicados para nada en la demostración. Es cierto que la imagen que tengo presente incluye todas estas características, pero no se hace la menor mención de *ellas* en la prueba de la proposición. No se dice que los tres ángulos son iguales a dos rectos porque uno de ellos es un ángulo recto o porque los lados que lo forman tienen la misma longitud; lo cual muestra suficientemente que el ángulo recto podría haber sido oblicuo y los lados no iguales y a pesar de todo la demostración continuaría siendo exacta. Y por esta razón es que concluyo que es verdadero para todo triángulo oblicuángulo o escaleno lo que he demostrado de un triángulo rectángulo isósceles determinado, y no porque haya demostrado la proposición tomando la idea abstracta de triángulo.[15] Y aquí debe reconocerse que un hombre puede *considerar* una figura puramente como triángulo sin atender a las cualidades particulares de los ángulos o a las relaciones de los lados; *hasta ahí alcanza su poder de abstracción*. Pero esto nunca probará que el hombre pueda formarse una idea abstracta, general e incompatible de triángulo. De la misma manera podemos considerar a Pedro como hombre o como animal, sin formarnos la idea abstracta de hombre o de animal; en tanto no se considera todo lo que se percibe.

17. Sería una tarea interminable e inútil seguir a los escolásticos —aquellos grandes maestros de la abstracción— a través de todo el conjunto de laberintos inextricables de errores y disputas a que parecen haber sido conducidos

por su doctrina de las naturalezas y las nociones abstractas. Las ociosas disputas y controversias, la docta polvareda que ha sido levantada con estos asuntos y la utilidad
que ha tenido de todo ello la humanidad, son cosas hoy
día demasiado conocidas para que sea necesario insistir
sobre ellas. Y estaría muy bien si los efectos dañosos de
esa doctrina se hubiesen reducido sólo a quienes hacen
abierta profesión de ella. Cuando se consideran las grandes fatigas, laboriosidad y cuidado puestos durante tanto
tiempo en el cultivo y adelanto de las ciencias y que, sin
embargo, la mayor parte de ellas permanecen llenas de
oscuridades, incertidumbres y disputas que parecen no tener nunca fin; y que aun aquellas que se cree están sostenidas por las demostraciones más claras y coherentes contienen paradojas que son absolutamente irreconciliables
con el entendimiento del hombre; y que tomadas en su
totalidad, sólo una pequeña parte de ellas presenta algún
beneficio real a la humanidad y algo más que una diversión o entretenimiento inocente —en fin, la consideración
de todo esto parecería poder arrastrar a los hombres a un
gran desaliento y a un perfecto desprecio por todo estudio. Pero acaso pudiera abandonarse esa situación si se
echara una mirada a los falsos principios que han prevalecido en el mundo, entre los cuales no hay ninguno —según creo— que haya tenido una mayor influencia[16] sobre
el pensamiento de los hombres especulativos que éste de
las *ideas generales abstractas.*

18. Consideraré ahora la *fuente* de esta noción dominante que a mi modo de ver es el *lenguaje.* Y, en verdad,
nada de extensión menor que la razón misma pudo ha

ber sido la fuente de una opinión tan universalmente aceptada. La verdad de esto surge, tanto de otras razones, como de la franca confesión de los más hábiles sostenedores de las ideas abstractas, quienes reconocen que se las ha formado con el objeto de nombrar; de lo cual se deduce claramente que si no hubiera lengua o signos universales, no se habría pensado nunca en la abstracción. (Véase libro III, cap. 6, § 39 y otros del *Essay on Human Understanding*.)

Examinemos de qué manera las palabras han contribuido al origen de este error. En primer lugar, se cree que todo nombre tiene, o debe tener, un solo significado preciso y establecido; lo cual hace pensar a los hombres que hay ciertas ideas abstractas y determinadas que constituyen la verdadera y única inmediata significación de cada nombre general y que es por la mediación de estas ideas abstractas que un nombre general llega a significar una cosa particular. Mientras que, en verdad, no hay tal significación precisa y definida agregada a un nombre general, pues cada uno de éstos significa indistintamente un gran número de ideas particulares. Todo lo cual se deriva evidentemente de lo que ya se ha dicho y aparecerá claramente a quien reflexione un instante. A esto se objetará que todo nombre que tenga una definición está, por dicha razón, restringido a una cierta significación. Por ejemplo, un triángulo es definido como "una superficie plana comprendida entre tres líneas rectas"; por lo tanto el nombre está constreñido a denotar cierta idea y no otra. A lo cual respondo que en la definición no se dice si la superficie es grande o pequeña, negra o blanca, ni si los lados son largos o cortos, iguales o desiguales, ni qué ángulos forman; en todo lo cual puede haber gran variedad, y por consiguiente no hay una idea establecida que limite el significado de la palabra triángulo. Una cosa es adjudicar constantemente el mismo nombre a la misma *definición* y otra tomarle siempre en representación de la misma *idea;* lo primero es necesario, lo segundo inútil e impracticable.[17]

19. Para explicar mejor cómo las palabras han llegado a producir la doctrina de las ideas abstractas debe observarse que es opinión aceptada que el lenguaje no tiene otra finalidad que la comunicación de las ideas y que todo nombre que tenga un significado representa una idea. Si esto es así, y es además cierto que hay nombres que no carecen totalmente de significación y sin embargo no siempre designan ideas particulares concebibles, se concluye, sin más, que ellos representan nociones abstractas. Nadie negará que hay muchos nombres en uso entre los hombres especulativos que no siempre sugieren a otros ideas particulares determinadas; o en realidad que no sugieren absolutamente nada. Un poco de atención pondrá de manifiesto que no es necesario (aun en los razonamientos más rigurosos) que nombres con significación que representan ideas deban provocar en el entendimiento, toda vez que se los use, las ideas que representan; pues al leer o discurrir, los nombres son usados en general como se usan las letras en álgebra, donde aunque cada letra indique una cantidad particular, se puede razonar correctamente sin que sea necesario que a cada paso cada una de las letras sugiera a nuestros pensamientos esa cantidad particular que se le asignó representar.

20. Además, la comunicación de las ideas señaladas
por las palabras no es ni el principal ni el solo fin del lenguaje, como se supone comúnmente. Hay otros fines, tales como hacer surgir ciertas pasiones, provocar o impedir
una acción, poner el espíritu en una disposición particular. El primer fin es, en muchos casos, puramente accesorio y a veces enteramente omitido, cuando ellos pueden
ser obtenidos sin él, como sucede no raras veces en el uso
familiar del lenguaje. Ruego al lector reflexione y observe
si no sucede a menudo, sea al oír o al leer un discurso,
que las pasiones de temor, amor, odio, admiración, desprecio y otras semejantes, surgen inmediatamente en su
espíritu al percibir ciertas palabras, sin que se interponga
una idea. Al principio, en verdad, las palabras pueden haber provocado las ideas que eran adecuadas para producir
esas emociones; pero, si no me equivoco, se encontrará
que debido al uso constante del lenguaje la percepción de
los sonidos o la vista de los signos va a menudo acompañada inmediatamente por esas pasiones que en un principio solían producirse con la intervención de las ideas que
ahora se omiten totalmente. ¿No podemos, por ejemplo,
alegrarnos por la promesa de una *buena cosa*, aunque no
tengamos idea de lo que sea? ¿Y no es suficiente la amenaza de un peligro para provocar en nosotros el temor
aunque no pensemos que ningún mal particular haya de
acaecernos, ni nos formemos una idea de peligro en abstracto? Si alguien añadiese de su parte un poco de reflexión a lo que se ha dicho, creo que le resultará evidente
que los nombres generales se usan a menudo en el lenguaje, sin que el que había los conciba como signos de las

ideas que desearía suscitar en el espíritu del que escucha. Aun los nombres propios no siempre se dicen con el propósito de producir la representación de las ideas de aquellos individuos que se supone ellos designan. Por ejemplo, cuando un escolástico me dice: "Aristóteles lo ha dicho", lo único que entiendo es que él intenta con esto disponerme a que acepte su opinión con la deferencia y la sumisión que la costumbre ha asociado a ese nombre. Y este efecto puede producirse tan instantáneamente en el espíritu de aquellos que estén acostumbrados a someter sus juicios a la autoridad de ese filósofo, que es imposible que le preceda ninguna idea, ni de su persona, ni de sus escritos, ni de su reputación.[18] Pueden darse innumerables ejemplos de esta naturaleza, pero ¿a qué insistir sobre estas cosas que, no lo dudo, cualquiera confirmará abundantemente con su propia experiencia?

21. Creo que hemos mostrado la imposibilidad de las ideas abstractas. Hemos examinado lo que han dicho acerca de ellas sus más hábiles sostenedores e intentado demostrar que no satisfacen los fines para los que se las considera necesarias. Y, por último, hemos seguido su rastro hasta la fuente de la cual surgieron que, evidentemente, parece ser el lenguaje.

No puede negarse que las palabras tienen gran utilidad, ya que el conjunto de conocimientos adquiridos por el trabajo acumulado de investigadores de todos los tiempos y naciones puede, por medio de ellas, ponerse al alcance y convertirse en propiedad de una sola persona. Pero [al mismo tiempo debe reconocerse que][19] muchas partes del conocimiento han sido tan[20] extrañamente confundidas y oscurecidas por el abuso de las palabras y modos generales del discurso en que ellas aparecen.[21] Por lo tanto, desde que las palabras son capaces de imponerse al intelecto,[22] trataré —cualesquiera sean las ideas que considere— de tomarlas en su pureza y desnudez, alejando de mi pensamiento, en lo que sea posible, aquellos nombres que el uso largo y constante ha unido a ellas. De lo cual espero derivar las ventajas siguientes:

22. *Primero:* Puedo estar seguro de librarme de todas las controversias puramente verbales, las que surgen como maleza en casi todas las ciencias y han sido uno de los principales estorbos en el crecimiento del verdadero y sano conocimiento. *Segundo:* Me parece que éste es el camino más seguro para desenredarme de esa fina y sutil red de ideas abstractas que tan miserablemente ha confundido y embrollado el espíritu de los hombres; y con la circunstancia especial de que cuanto más refinado y más curioso era el ingenio de un hombre estaba tanto más profundamente inclinado a caer en la trampa y más seguro de ser retenido en ella. *Tercero:* No veo cómo pueda caer fácilmente en error, siempre que limite mis pensamientos a mis propias ideas, despojadas de las palabras. Conozco clara y adecuadamente los objetos que examino. No puedo engañarme creyendo tener una idea que no tengo. No me es posible imaginar que algunas de mis ideas sean semejantes o desemejantes y que realmente no lo sean. Para discernir las concordancias y discordancias que hay entre mis ideas, para ver qué ideas están incluidas en cualquier idea compuesta y cuáles no, nada hay mejor que una percepción atenta de lo que sucede en mi propio entendimiento.

23. Alcanzar todas estas ventajas presupone una completa liberación del engaño de las palabras, que yo no me atrevo a prometerme a mí mismo, ya que es cosa muy difícil cortar la unión entre las palabras y las ideas que comenzó tan temprano y que fue refirmada por una costumbre tan larga. Además, parece que esta dificultad ha sido acrecentada por la doctrina de la *abstracción*. Pues, mientras los hombres piensen que las ideas *abstractas* están unidas a las palabras, no parecerá extraño que ellos usen palabras en vez de ideas; puesto que se considera que no es posible dejar de lado la palabra y retener en la mente la idea *abstracta*, que en sí misma es totalmente inconcebible. Me parece que ésta es la razón principal por la cual aquellos que han recomendado a otros enfáticamente que dejen de lado todo uso de las palabras en sus meditaciones y contemplen las ideas en su desnudez, no han logrado conseguirlo ellos mismos. En los últimos tiempos muchos se han impresionado por las opiniones absurdas y las disputas sin sentido que han surgido del abuso de las palabras. Y con el objeto de remediar esos males aconsejan acertadamente que dirijamos nuestra atención a las ideas significadas y las apartemos de las palabras que las expresan.[23] Pero por muy bueno que sea este consejo que han dado a otros es claro que ellos mismos no han podido seguirlo debidamente, desde que creyeron que el único uso inmediato de las palabras era expresar ideas y que la significación inmediata de todo nombre general era una idea abstracta determinada.

24. Pero después que uno ha reconocido que éstos son errores, se puede impedir con gran facilidad que las

palabras se nos impongan. Quien sepa que no tiene más que ideas *particulares* no se preocupará en vano por encontrar y concebir la idea *abstracta* que va unida a un nombre. Y el que sepa que los nombres no siempre representan ideas se ahorrará el trabajo de buscar ideas donde no las hay. Sería deseable, por lo tanto, que cada uno se esforzara todo lo posible por obtener una visión clara de las ideas que examina separando de ellas todo el ropaje y estorbo de palabras que tanto contribuyen a cegar el juicio y a dividir la atención. En vano extendemos nuestra vista al cielo y escudriñamos las entrañas de la tierra, en vano consultamos los escritos de los doctos y rastreamos las oscuras huellas de la antigüedad; basta sólo correr el velo de las palabras para contemplar el más admirable árbol del conocimiento, cuyo fruto es excelente y está al alcance de nuestra mano.

25. A no ser que nos tomáramos el trabajo de despojar a los primeros principios del conocimiento del estorbo y engaño de las palabras, podríamos hacer infinitos razonamientos sobre ellos sin alcanzar ningún resultado; podríamos extraer consecuencias de consecuencias de consecuencias, sin enriquecer jamás nuestro saber. A medida que avanzamos, sólo conseguimos perdernos irremediablemente y enredarnos cada vez más en dificultades y errores. Por lo tanto, yo suplico al que se propone leer las páginas que siguen que trate de que mis palabras sean la causa de su propio pensamiento y que se esfuerce por obtener, al leerlas, el mismo curso de pensamientos que yo tuve al escribirlas. De esta manera le será fácil descubrir la verdad o falsedad de lo que yo digo. Y no correrá ningún

peligro de que mis palabras lo engañen, pues no veo cómo pueda ser arrastrado a un error si considera sus propias ideas desnudas y sin disfraz alguno.[24]

Notas del traductor

[1] Posiblemente hay aquí una referencia a Locke. Véase su *Essay on Human Understanding* [*Ensayo sobre el entendimiento humano*], Introducción, secs. 4-7 y libro II, cap. 23, § 12, Cfr. Descartes, *Principios de filosofía,* I, 26 y 27, y Malebranche, *Recherche de la Verité,* III, 2.

[2] Cfr. Descartes, *Discurso del Método,* 1ª parte; y Bacon, *Novum Organum,* afor. IX.

[3] Sobre el concepto de *idea,* véase n. 2 del Tratado. En toda la *Introducción* Berkeley usa los términos *idea* y *noción* como sinónimos. Cfr. n. 12 del Tratado.

[4] El resto de la *Introducción* secs. 6-20, está dedicado a combatir la doctrina de las ideas abstractas. Cfr., sobre este asunto, el *Tratado,* secs. 97-100, 118-132, y 143; *New Theory of Vision,* secs. 122-125; *Alciphron,* dial. VII, 5-7; *Defense of Free Thinking in Mathematics,* secs. 45-48; y *Siris,* secs. 323 y 335.

[5] En la primera edición se intercalaba lo siguiente: "me atrevo a confesar que no la tengo".

[6] Se refiere a John Locke, quien murió el 28 de octubre de 1704.

[7] En la primera edición se agregaba: "excelente".

[8] Descartes.

[9] En la primera edición esta frase comenzaba así: "No puedo aceptar esto por ser de opinión que una palabra, etcétera."

[10] Recuérdese que *idea* significa para el autor la imagen mental concreta tal cual aparece en una conciencia individual. Esta manera de concebir las ideas explica su polémica en contra de las ideas abstractas.

[11] Por cierto, Locke no sostiene, como parece sugerir el autor en este pasaje, que al formar ideas abstractas nos representamos *imágenes* abstractas.

[12] Para Locke el término *idea* no denota únicamente las ideas particulares de los sentidos y la imaginación, como para Berkeley, sino también las llamadas ideas abstractas, generales o universales, es decir, las *nociones* y los *conceptos.*

[13] Cfr. n. 7, 8, 12 de esta página.

[14] Se advierte aquí nuevamente que el autor identifica *idea* con *imagen.*

15 Lo que sigue, hasta el final de la sección, fue agregado en la segunda edición.

16 En la primera edición en vez de "mayor influencia" [*influence*], decía "mayor y extendido predominio" [*sway*].

17 La *definición* incluye tan sólo lo esencial y no las determinaciones particulares; de ahí que los nombres generales mantengan su unidad significativa. La *idea* en cambio, que equivale a la imagen presente en la conciencia de un sujeto, no puede prescindir de esas determinaciones particulares.

18 En la primera edición se intercalaba aquí lo siguiente: "Tan estrecha e inmediata es la relación establecida por la costumbre entre la palabra de Aristóteles y los movimientos de reverencia y asentimiento en los espíritus de algunos hombres".

19 Lo que aparece entre [ ] fue agregado en la segunda edición.

20 La palabra "tan" no aparece en la segunda edición.

21 En la primera edición se agregaba: "que puede preguntarse si el lenguaje ha contribuido más como estorbo que como progreso de las ciencias".

22 En la misma edición se intercalaba aquí: "he resuelto hacer de ellas, en mis investigaciones, el menor uso que me sea posible.

23 El autor se refiere a Locke. Véase su *Essay,* libro III, cap. 10 y 11; y libro IV, cap. 3, § 30.

24 En la Biblioteca del *Trinity College* de Dublin se encuentra un borrador manuscrito de la Introducción que parece haber sido redactado en noviembre y diciembre de 1708, es decir, unos dos años antes de la publicación del *Tratado.* Quien se interese por las críticas que dirige Berkeley a las ideas abstractas puede leer esa Introducción —que difiere de la publicada en 1710— en la edición de las obras de Berkeley, editada por A. C. Fraser, Oxford, 1901, tomo III, págs. 357 a 383.

De los principios del conocimiento humano

PRIMERA PARTE[1]

1. Resulta evidente a cualquiera que examine *los obje-tos*[2] *del conocimiento humano*, que ellos son ideas[3] actual-mente impresas en los sentidos, o *ideas*[4] percibidas aten-diendo a las pasiones y operaciones del espíritu, [*mind*][5] o finalmente, *ideas* formadas con ayuda de la memoria y la imaginación, ya sea componiendo, dividiendo o mera-mente representando aquellas percibidas originariamente en los modos mencionados.[6] Por medio de la vista tengo las ideas de la luz y de los colores, con sus diversos grados y variaciones. Por el tacto percibo lo duro y lo blando, el calor y el frío, el movimiento y la resistencia, y sus dife-rencias en más y menos, ya sea en cantidad o grado. El ol-fato me proporciona los olores; el paladar los gustos; y el oído transmite los sonidos a la mente con sus variedades de tono y composición.

Y como se observa que algunas de estas ideas van en-lazadas entre sí, se les adjudica un nombre y luego se las considera como una *cosa*. Así, por ejemplo, cuando se observa que un cierto color, sabor, olor, figura y consistencia van juntos, se los considera como una cosa distinta, señalado con el nombre de manzana; otros conjuntos de ideas constituyen una piedra, un árbol, un libro u otras cosas igualmente sensibles; las cuales ya sean agradables o desagradables suscitan pasiones como el amor, el odio, la alegría, la aflicción, etcétera.

2. Junto a toda esta variedad interminable de ideas u objetos de conocimiento, existe algo que las conoce o percibe y ejerce sobre ellas diversas operaciones tales como querer, imaginar, recordar. Llamo *mente, espíritu, alma, yo* [*myself*] a este ser que percibe y actúa.[7] Con estas palabras no denoto ninguna de mis ideas, sino algo enteramente distinto de ellas y en lo cual ellas existen o, lo que es lo mismo, por medio del cual son percibidas,[8] pues la existencia de una idea consiste en ser percibido.[9]

3. Todos admitirán que ni nuestros pensamientos, ni nuestras pasiones, ni las ideas formadas por la imaginación existen sin la mente. No menos evidente es para mí que las diversas sensaciones o ideas impresas en los sentidos, de cualquier modo que se mezclen o combinen entre sí (es decir, cualquiera sea el objeto que ellas formen), no pueden existir más que en una mente que las perciba.[10] Creo que cualquiera puede obtener un conocimiento intuitivo de esto, si presta atención a lo que se entiende por el término *existe* cuando se aplica a cosas sensibles. Digo que la mesa sobre la que escribo existe; es decir, la veo y la siento, y si al estar fuera de mi escritorio afirmo que existe, sólo quiero decir que si estuviera en mi escri-

torio la percibiría, o que algún otro espíritu la percibe actualmente. Había un olor, es decir, fue olido, había un sonido, es decir, fue oído; un color o una figura, fueron percibidos por la vista o el tacto. Esto es lo que yo puedo entender por éstas y otras expresiones similares. Pues hablar de la existencia absoluta de cosas no pensantes, sin ninguna relación con su ser percibidas, es para mí completamente ininteligible. Su *esse* es *percipi*; no es posible que ellas tengan ninguna existencia fuera de las mentes o cosas pensantes que las perciben.[11]

4. Es en realidad opinión extrañamente dominante entre los hombres que las casas, las montañas, los ríos, y en una palabra todos los objetos sensibles tienen una existencia natural o real distinta de su ser percibidos por el entendimiento. Pero a pesar de lo firme y admitido que este principio pudiera estar en el mundo, cualquiera que sienta la necesidad de ponerlo en duda puede, si no me equivoco, advertir que él encierra una contradicción manifiesta. Pues, ¿qué son los objetos antes mencionados sino las cosas que percibimos por los sentidos? ¿Y qué percibimos fuera de nuestras propias ideas o sensaciones? ¿Y no es sencillamente contradictorio que cualquiera de ellas, o cualquier combinación de ellas, pueda existir sin ser percibido?

5. Si examinamos atentamente esa opinión encontraremos, tal vez, que ella depende, en última instancia, de la doctrina de las *ideas abstractas*. Pues, ¿puede haber un esfuerzo de abstracción más refinado que distinguir la existencia de los objetos sensibles de su ser percibidos, hasta el punto de concebirlos como existentes sin ser per-

cibidos? La luz y los colores, el calor y el frío, la extensión y las figuras –en una palabra, las cosas que vemos y sentimos– ¿qué son sino diversas sensaciones, nociones,[12] ideas o impresiones de los sentidos? ¿Y es posible separar, aunque sea en el pensamiento, alguna de éstas de la percepción? Por mi parte podría con la misma facilidad dividir una cosa de sí misma. Puedo, en verdad, dividir en mis pensamientos, o concebir separadas unas de otras, aquellas cosas que los sentidos posiblemente nunca percibieron divididas. De esa manera imagino el tronco de un cuerpo humano sin sus miembros, o concibo el perfume de una rosa, sin pensar en la rosa misma. Hasta aquí, no lo negaré, puedo abstraer; si puede llamarse propiamente *abstracción* lo que se refiere únicamente a concebir como separados aquellos objetos que pueden realmente existir o ser efectivamente percibidos o imaginar no se extiende más allá de la posibilidad de una existencia o percepción real. Por lo tanto, así como me es imposible ver o sentir cualquier cosa, sin una sensación presente de esa cosa, me es también imposible concebir en mis pensamientos cualquier cosa u objeto sensible, distinto de su sensación o percepción.[13]

6. Hay verdades tan próximas a la mente y tan obvias, que basta abrir los ojos para verlas.[14] A tal especie creo que pertenece ésta muy importante, a saber, que todo el coro del cielo y el moblaje de la tierra, en una palabra, todos los cuerpos que componen la poderosa estructura del mundo, no existen fuera de una mente; que su ser es ser percibido o conocido; que, por consiguiente, en tanto no los percibo, o no existen en mi mente [*mind*] o en la de cualquier

otro espíritu [*spirit*] creado, o bien no tienen ninguna existencia, o subsisten en la mente de algún Espíritu Eterno. Atribuir a cualquier parte singular de ellos una existencia independiente de un espíritu, resulta absolutamente ininteligible y encierra todo lo absurdo de la abstracción.[15] Para convencerse de esto, el lector necesita solamente reflexionar y tratar de separar en sus propios pensamientos el ser de una cosa sensible de su *ser percibida*.

7. De lo que se ha dicho se deriva que no hay otra substancia más que el *espíritu*, o lo que percibe. Pero para una prueba[16] más amplia de este punto, debe considerarse que las cualidades sensibles son el color, la figura, el movimiento, el olor, el gusto, etcétera, es decir, las ideas percibidas por los sentidos. Ahora bien, que una idea existe en una cosa no percipiente implica una contradicción manifiesta, pues tener una idea es lo mismo que percibirla; por lo tanto donde exista el color, la figura y las demás cualidades similares debe haber percepción de ellas. Por consiguiente, es claro que no puede haber una substancia no pensante o *substrato* en aquellas ideas.

8. Pero, se dirá, a pesar de que las ideas mismas no existen fuera de la mente, puede haber, sin embargo, cosas que se les asemejan y de las cuales ellas son copias o semejanzas; y estas cosas existen fuera de la mente en una substancia no pensante. Y yo respondo que una idea no puede asemejarse más que a otra idea; un color o figura más que a otro color o figura.[17] Si observamos con atención nuestros pensamientos, encontramos que nos es imposible concebir una semejanza que no sea entre ideas. Pregunto, por otra parte, si esos supuestos *originales*, o co-

sas externas, de las cuales nuestras ideas son retratos o representaciones, son ellas mismas perceptibles o no. Si lo son, ellas son ideas y nosotros habremos ganado la cuestión. Pero si se dijera que no lo son, preguntaría si tiene sentido afirmar que un color es semejante a algo invisible, que lo duro y lo blando se asemejan a algo intangible y así sucesivamente.

9. Hay quienes distinguen entre cualidades *primarias* y *secundarias*.[18] Por las primeras entienden la extensión, la figura, el movimiento, el reposo, la solidez o impenetrabilidad y el número; con las segundas denotan todas las cualidades sensibles, como los colores, los sonidos, los sabores, etcétera. Admiten que las ideas que nosotros tenemos de estas últimas no son semejantes a nada que exista fuera de la mente o sin ser percibidas; pero sostienen que nuestras ideas de las *cualidades primarias* son copias o imágenes de las cosas que existen fuera de la mente, en una substancia no pensante que llaman materia. Por materia entonces, debemos entender una substancia inerte e insensible en la cual la extensión, la figura y el movimiento subsisten realmente. Pero es evidente, por lo que hemos señalado, que la extensión, la figura y el movimiento son sólo ideas que existen en la mente, y una idea no puede semejarse más que a otra idea; y por consiguiente ni ellas ni sus arquetipos pueden existir en una substancia no percipiente. Por lo tanto, es obvio que la misma noción de lo que se llama *materia* o *substancia corpórea* implica una contradicción.[19]

10. Los que afirman que la figura, el movimiento y las otras cualidades primarias u originales existen fuera de la

mente, en substancias no pensantes, admiten al mismo tiempo que no sucede lo propio con los colores, los sonidos, el calor, el frío y demás cualidades secundarias; las cuales, según ellos, son sensaciones que sólo existen en la mente, dependientes y causadas por los diversos tamaños, estructura y movimiento de las pequeñas partículas de materia.[20] Creen que se trata de una verdad indudable que pueden demostrar completamente. Ahora bien, si es cierto que las cualidades *originales* están inseparablemente unidas con las demás cualidades sensibles y es imposible, aun en el pensamiento, separar unas de otras, se deduce claramente que *ellas* existen sólo en la mente. Pero deseo que se reflexione y se trate —si es que se puede— de concebir[21] por medio de una abstracción del pensamiento, la extensión y el movimiento de un cuerpo sin todas las otras cualidades sensibles. Por mi parte veo con toda evidencia que no está en mi poder formar una idea de un cuerpo extenso y en movimiento sin añadirle algún color u otra de las cualidades sensibles que se admite existen sólo en la mente. En resumen, la extensión, la figura y el movimiento son inconcebibles si se las separa de todas las otras cualidades. Por lo tanto, donde existen las otras cualidades sensibles deben existir éstas también, a saber, con la mente y no en otra parte.[22]

11. Del mismo modo se admite que lo *grande* y lo *pequeño*, lo *rápido* y lo *lento*, no existen fuera de la mente por ser completamente relativos y por cambiar en la misma medida que varía la forma y la posición de los órganos de los sentidos. Por lo tanto, la extensión que existiese fuera de la mente no sería ni grande ni pequeña y el

movimiento ni rápido ni lento; es decir, no sería absolutamente nada. Pero, se dirá, se trata de la extensión en general y del movimiento en general. Así vemos cómo la creencia en substancias extensas y movibles existentes fuera de la mente depende de aquella extraña doctrina de las *ideas abstractas*. Y aquí no puedo menos que hacer notar cómo se asemejan estrechamente la vaga e indeterminada descripción de la materia o substancia corpórea, en la que han caído los filósofos modernos impulsados por sus propios principios, con la anticuada y tan ridiculizada noción de *materia prima* que se encuentra en Aristóteles y sus continuadores. Sin la extensión, la solidez no puede ser concebida, y como ya se ha señalado que la extensión no existe en una substancia no pensante, lo mismo podrá decirse con respecto a la solidez.[23]

12. Que el *número* es, por completo, una creación de la mente, aun cuando se admita que las otras cualidades existan fuera de ella, resulta evidente a quienquiera que considere que la misma cosa es susceptible de diferente denominación numérica, según sean los diferentes aspectos bajo los cuales los considera la mente. Así la misma extensión es uno, tres o treinta y seis, según la considere la mente en relación con una yarda, un pie o una pulgada. El número es tan evidentemente relativo y dependiente del entendimiento del hombre, que es extraño pensar cómo algunos pueden darle una existencia absoluta fuera de la mente. Decimos un libro, una página, una línea, etcétera; todas éstas son igualmente unidades, si bien algunas contienen varias de las otras. Y en cada caso es claro que la unidad se refiere a alguna combina-

ción particular de ideas, reunidas *arbitrariamente* por la mente.[24]

13. Sé que algunos[25] sostienen que la unidad es una idea simple o no-compuesta que acompaña en la mente a todas las otras ideas. No veo que yo tenga tal idea que responda a la palabra *unidad* y si la tuviera creo que no podría menos que encontrarla en mí; más aún, ella sería la más familiar a mi entendimiento pues se afirma que acompaña todas las otras ideas y es percibido en todos los modos de la sensación y la reflexión. Se trata —para no agregar nada más— de una *idea abstracta*.

14. Agregaré que de la misma manera como los filósofos modernos prueban que ciertas cualidades sensibles no tienen existencia en la materia, o fuera de la mente, podría probarse igual cosa de las otras cualidades sensibles. Así, por ejemplo, se afirma que el calor y el frío no son más que estados [*affections*] de la mente y no copias de seres reales que existen en las substancias corpóreas que los producen; pues un mismo cuerpo que parece frío a una mano parece caliente a otra, Ahora bien, ¿por qué no podemos afirmar, de la misma manera, que la figura y la extensión tampoco son modelos [*patterns*] o representaciones [*resemblances*] que existen en la materia, pues al mismo ojo en posiciones distintas o a ojos de distinta contextura en la misma posición, aparecen diversas, y por lo tanto no pueden ser las imágenes de nada fijo y determinado fuera de la mente? Del mismo modo se ha probado que la dulzura no está realmente en la cosa sápida pues, permaneciendo la cosa sin alterar, la dulzura se transforma en amargura, como en los casos de fiebre u

otra anomalía del gusto. ¿No es acaso razonable afirmar que el movimiento no existe fuera de la mente pues, si la sucesión de ideas en ella se torna más rápida, sabemos que el movimiento aparecerá más lento sin que haya habido ninguna alteración en ningún objeto externo?[26]

15. En resumen, si se consideran aquellos argumentos que se cree prueban manifiestamente que los colores y sabores existen sólo en la mente, se verá que pueden con la misma fuerza utilizarse para probar lo propio de la extensión, la figura y el movimiento. Debe, sin embargo, confesarse que esta manera de argumentar no prueba en realidad que no haya extensión o color en un objeto externo, sino que nosotros no sabemos, por medio de los sentidos, cuál es la verdadera extensión o color del objeto. Pero los argumentos precedentes[27] muestran con claridad que es imposible que cualquier color o extensión, u otra cualidad sensible cualquiera, exista en un sujeto no pensante fuera de la mente, o en realidad que pueda haber cosa alguna que sea un objeto externo.[28]

16. Examinemos un poco la opinión admitida. Se dice que la extensión es un *modo* o *accidente* de la materia y que la materia es el *substrato* que la sostiene. Ahora bien, desearía que se me explicara qué se entiende por materia que *sostiene* la extensión. Pero me diréis: no tenemos idea de la materia y por lo tanto no podemos dar esa explicación. Yo respondo: si bien no tenéis una idea positiva de la materia, sabéis lo que ella significa y tendréis al menos una idea relativa. A pesar de que no sabéis lo que es la materia, se supone que conocéis las relaciones que tiene con los accidentes y qué se quiere decir cuando se afirma

que ella los sostiene. Evidentemente, *sostener* no debe tomarse aquí en su sentido usual o literal, como cuando decimos que los pilares sostienen un edificio. ¿En qué sentido, pues, deberá tomarse?[29]

17. Si tratáramos de averiguar qué entienden los filósofos más rigurosos por *substancia material*, encontraríamos que reconocen no dar a esas voces otro significado que el de ser en general, junto con la noción relativa de que sostiene los accidentes. La idea general de ser me parece la más abstracta e incomprensible de todas; en cuanto a que sostiene los accidentes, no se puede entender —como acabamos de señalarlo— en el sentido común de esas palabras y por lo tanto deberán tomarse en algún otro sentido. Cuál sea este otro sentido es lo que no explican. De tal modo que cuando considero las dos partes o ramas que dan sentido a las palabras substancia material, me convenzo que no puede dárseles un significado preciso. Pero, ¿a qué preocuparnos por más tiempo en discusiones sobre este substrato material o sostén de la figura, el movimiento y otras cualidades sensibles? ¿No hace ello suponer que tienen existencia fuera de la mente? ¿Y no es esto contradictorio y completamente inconcebible?

18. Pero aunque fuera posible que substancias sólidas y que tienen forma y movimiento puedan existir fuera de la mente, correspondiendo a las ideas que tenemos de los cuerpos, ¿cómo podríamos saberlo? Deberíamos saberlo ya sea por los sentidos o por la razón.[30] Por medio de los sentidos conocemos únicamente nuestras sensaciones, ideas, o aquellas cosas —llámaseles como se quiera— que

son inmediatamente percibidas por los sentidos. Pero ellos no nos dicen que existen cosas fuera de la mente, o no percibidas, semejantes a aquellas que son percibidas. Esto lo admiten aun los materialistas. Si es que tenemos algún conocimiento de las cosas externas, no podrá ser, por lo tanto, más que por medio de la razón que infiere su existencia de lo percibido inmediatamente por los sentidos. Pero, ¿qué razón puede inducirnos a creer en la existencia de los cuerpos fuera de la mente, deduciéndola de lo que percibimos, si los mismos defensores de la materia no pretenden que haya una conexión necesaria entre aquéllos y nuestras ideas?[31] Afirmo que se acepta abiertamente que es posible tener todas las ideas que tenemos ahora, aun cuando no hubiera ningún cuerpo que se les asemejara —y lo que sucede en los sueños, delirios y casos similares lo ponen fuera de duda—. Por lo tanto, es evidente que la hipótesis de los cuerpos externos no es necesaria para explicar la existencia de nuestras ideas, pues se admite que ellas se producen a veces —y posiblemente puedan producirse siempre— en la misma forma que las vemos ahora, es decir, sin su concurso.

19. Pero aun cuando fuera posible que tuviésemos todas nuestras sensaciones sin los cuerpos podría, sin embargo, pensarse que sería más fácil concebir y explicar su producción suponiendo cuerpos externos que se les asemejaran, más bien que de otra manera; y así sería al menos probable que existieran tales cosas llamadas cuerpos que provocan [*excite*] las ideas en nuestra mente. Pero ni siquiera esto puede afirmarse. Pues aun cuando concedamos a los materialistas sus cuerpos externos, ellos no es-

tán más próximos a saber —según propia confesión— cómo se producen nuestras ideas, puesto que se reconocen incapaces de comprender de qué manera puede el cuerpo actuar sobre el espíritu, o cómo es posible que pueda aquél imprimir una idea en la mente. Por lo tanto, es evidente que la producción de ideas o sensaciones en nuestra mente no puede ser una razón para suponer la existencia de la materia o substancias corpóreas, ya que se admite que resulta igualmente inexplicable con o sin esta suposición. Entonces, si fuera posible que los cuerpos existieran fuera de la mente, tal opinión sería siempre precaria pues supone, sin ninguna razón, que Dios ha creado innumerables seres que son completamente inútiles y que no responden a ningún propósito.

20. En resumen, si hubiera cuerpos externos sería imposible que nosotros los conociéramos; y si no los hubiera tendríamos las mismas razones para pensar que los hay que las que tenemos actualmente. Suponed —lo que nadie puede negar como posible— una inteligencia que sin la ayuda de los cuerpos externos estuviera afectada por la misma serie de sensaciones o ideas que lo estáis vosotros, impresa en su mente en el mismo orden y con la misma intensidad. Pregunto si esa inteligencia no tiene el mismo derecho a creer en la existencia de las substancias corporales, representadas por sus ideas y que las provocan en su mente, que tenéis vosotros para creer la misma cosa. Sobre esto no hay duda alguna. Esta sola consideración sería suficiente para hacer que una persona razonable sospechara de la fuerza de cualquier argumento que creyera tener para probar la existencia de los cuerpos fuera de la mente.

21. Si fuera necesario, después de lo que se ha dicho, agregar alguna otra prueba en contra de la existencia de la materia puedo mencionar varios errores y dificultades, (para no hablar de las impiedades), que han surgido de esa creencia. Ella ha dado origen a innumerables controversias y disputas en filosofía y a no pocas, de mucha importancia, en religión. Pero no entraré en detalles aquí, porque creo que los argumentos *a posteriori* son innecesarios para confirmar lo que —si no me equivoco— ha sido suficientemente demostrado *a priori*, y porque tendré ocasión más adelante de decir algo al respecto.

22. Temo haber dado la impresión de ser inútilmente prolijo en el tratamiento de este asunto. Pues, ¿para qué extenderse en consideraciones sobre lo que puede demostrarse con la mayor evidencia en uno o dos renglones a quienquiera que sea capaz de la menor reflexión? Basta mirar dentro de los propios pensamientos y tratar de ver si es posible concebir que exista fuera de la mente, o sin ser percibido, un sonido, figura, movimiento o color. Posiblemente esta sencilla prueba puede haceros ver que lo que sosteníais implicaba una completa contradicción, a tal punto que me regocijo en reducir toda la cuestión a estos términos: Si pudierais concebir la posibilidad de que una substancia extensa y movible, o en general una idea o cualquier cosa semejante a una idea exista de otra manera que en la mente que la percibe, yo abandonaría gustoso esta disputa. Y admitiría la existencia de todo ese conjunto de cuerpos externos que defendéis, a pesar de que no podéis darme ninguna razón por la cual creéis en ella, o le asignáis, suponiendo que exista, una función

útil. Aceptaré la simple posibilidad de que esas opiniones sean ciertas como una demostración de que efectivamente lo son.

23. Pero, se dirá, nada es más fácil que imaginar árboles en un parque, por ejemplo, o libros en una biblioteca, y nadie cerca de ellos que los perciba. En efecto, nada es más fácil. Pero, os pregunto, ¿qué habéis hecho sino formar en la mente algunas ideas que llamáis *libros* y *árboles* y omitir, al mismo tiempo, la idea de alguien que los percibe? Pero, ¿no los percibíais o pensabais mientras tanto? Por consiguiente, esto nada tiene que ver con nuestra cuestión; sólo muestra que la mente es capaz de imaginar o formar ideas, pero no muestra que pueda concebirse la posibilidad de que los objetos de nuestro pensamiento existan fuera de la mente.[32] Para que esto último pudiera afirmarse sería necesario que se los concibiera existiendo como inconcebidos o impensados, lo cual implica una contradicción manifiesta. Cuando hacemos todo lo posible por concebir la existencia de cuerpos externos,[33] no hacemos más que contemplar nuestras propias ideas. Pero la mente, sin reparar en sí misma, se engaña pensando que puede y que concibe en realidad cuerpos que existen sin ser pensados, o fuera de la mente, a pesar de que al mismo tiempo son aprehendidos por ella y existen en ella. Un poco de atención descubrirá a cualquiera la verdad y la evidencia de lo que aquí se afirma y hará inútil insistir en cualquier otra prueba en contra de la existencia de la *substancia material*.

24.[34] Es fácil saber, después del más ligero examen de nuestros propios pensamientos, si nos es posible comprender qué se entiende por la *existencia absoluta de objetos sensibles en sí o fuera de la mente*. Es evidente para mí que esas palabras implican una contradicción directa o no significan nada. Y para convencer a otros de esto no conozco manera más fácil y más correcta que rogarles quieran observar con calma sus propios pensamientos; y si esta observación les muestra la vacuidad y contrariedad de esas expresiones, seguramente nada más es necesario para su conocimiento. Es por lo tanto sobre esto que yo insisto, a saber, que la *existencia absoluta de cosas no pensantes* son palabras sin sentido o que implican una contradicción. Esto es lo que repito y trato de inculcar y recomiendo calurosamente a la reflexión atenta del lector.

25. Todas nuestras ideas, sensaciones, nociones[35] o las cosas que percibimos, de cualquier modo que las llamemos, son visiblemente inactivas: no hay en ellas ningún poder o acción.[36] De tal modo que una idea u objeto de pensamiento no puede producir u ocasionar alteración en otro.[37] Para estar satisfecho de la verdad de esto no se necesita más que una mera observación de nuestras ideas. Pues si ellas y cada parte de ellas existen sólo en la mente, se sigue que no hay nada en ellas, excepto lo que se percibe. Pero quienquiera que preste atención a sus ideas, sean de los sentidos o de la reflexión, no percibirá en ellas ningún poder o actividad; por lo tanto, no hay en ellas tal cosa. Un poco de atención nos pondrá de manifiesto que el verdadero ser de una idea implica pasividad e inactividad, a tal punto que es imposible que una idea haga algo, o pueda ser copia o semejanza de un ser activo, como resulta evidente de la sección 8. De donde se sigue clara-

mente que la extensión, la figura y el movimiento no pueden ser causa de nuestras sensaciones. Por lo tanto, es completamente falso afirmar que las sensaciones son efectos de los poderes que resultan de la configuración, número, movimiento y tamaño de los corpúsculos.[38]

26. Percibimos una sucesión continua de ideas; algunas son provocadas de nuevo, otras se transforman o desaparecen totalmente. Estas ideas tienen, por lo tanto, *alguna* causa de la que dependen y que las produce y las cambia. Resulta claro de la precedente sección que esta causa no puede ser ninguna cualidad o idea o combinación de *ideas*. Debe ser, por consiguiente, una *substancia*; pero como se ha demostrado que no hay substancia corporal o material, resulta que una substancia incorpórea y activa o espíritu es la causa de las ideas.[39]

27. Un espíritu es un ser simple, indivisible y activo;[40] en tanto percibe ideas se llama *entendimiento* y en cuanto las produce, u opera de otro modo sobre ellas, se llama *voluntad*. Por consiguiente no puede formarse una *idea* del alma o espíritu; pues siendo toda idea pasiva o inerte (ver sec. 25) no puede representarnos, por medio de imágenes o semejanzas, aquello que es activo. Un poco de atención hará ver a cualquiera que es imposible tener una idea *semejante* a aquel principio activo que determina el movimiento y cambio de las ideas. La naturaleza del espíritu, o aquello que actúa, es tal que no puede ser percibida por sí misma, sino únicamente por los efectos que él produce. Si alguien duda de la verdad de lo que se dice aquí reflexione y trate de formarse, si puede, la idea de cualquier poder o ser activo y averigüe si tiene idea de los

dos poderes principales, designados con los nombres de *voluntad* y *entendimiento*, distintos uno de otro, así como de una tercera idea de substancia o ser en general que implica la noción relativa de que soporta o es el sujeto de los poderes mencionados y que se designa con el nombre de *alma* o *espíritu*. Esto es lo que algunos sostienen; pero en lo que yo alcanzo a comprender, las palabras *voluntad*,[41] *alma*, *espíritu*, no convienen a ideas diferentes, o en verdad a ninguna idea, sino a algo que es muy distinto de las ideas y que, por ser un agente, no puede ser semejante a una idea cualquiera o ser representado por ella.[42] Debemos reconocer, al mismo tiempo, que tenemos alguna *noción* de alma, espíritu, y las operaciones de la mente, tales como desear [*willing*], amar, odiar, puesto que sabemos o entendemos el significado de estas palabras.

28. Advierto que puedo provocar a placer ideas[43] en mi mente, y variar y substituir el panorama tan a menudo como lo crea conveniente. No tengo más que *desear* e inmediatamente ésta o aquella idea surge en mi fantasía. Y por el mismo poder es extinguida y abre paso a otra. Este formar [*making*] y extinguir [*unmaking*] de ideas, justifica el denominar activa a la mente. Todo esto es cierto y está fundado sobre la experiencia; pero cuando hablamos de agentes no pensantes o de provocar ideas ajenas a toda volición, sólo hacemos juegos de palabras.

29. Pero cualquiera sea el poder que tenga sobre mis propios pensamientos, advierto que las ideas actualmente percibidas por los sentidos no dependen, como las otras, de *mi* voluntad. Cuando abro los ojos en pleno día no está en mí poder elegir si veré o no, o determinar qué obje-

to particular se presentará a mi vista; y de la misma manera nos podemos referir al oído o a los otros sentidos, pues las ideas impresas en ellos no son creaciones de *mi voluntad*.[44] Hay, por lo tanto, alguna otra voluntad o espíritu que las produce.

30. Las ideas de los sentidos son más fuertes, vivaces y distintas que las de la imaginación;[45] tienen, además, cierta firmeza, orden y coherencia, y no se producen al azar, como las que son consecuencia de la voluntad humana, sino que se presentan en curso o serie regular, cuya admirable conexión prueba suficientemente la sabiduría y la benevolencia de su Autor. Ahora bien, las reglas y métodos establecidos, según los cuales la Mente de la que dependemos suscita en nosotros las ideas de los sentidos, se llaman *leyes de la naturaleza*; y nosotros las captamos por medio de la experiencia que nos enseña que tales o cuales ideas van acompañadas de tales o cuales otras ideas, en el curso ordinario de las cosas.

31. Esto nos da una especie de previsión que nos capacita para regular nuestras acciones en bien de nuestra vida. Sin ella estaríamos eternamente perdidos; no sabríamos cómo actuar para procurarnos el menor placer o evitar el más mínimo dolor sensible. Que el alimento nutre, el sueño renueva y el fuego nos calienta; que sembrar en época propicia es la manera de recolectar durante la cosecha; y en general que para obtener tal o cual fin es necesario tal o cual medio, es algo que sabemos no por el descubrimiento de *conexiones necesarias* entre nuestras ideas, sino únicamente por la observación de las *leyes establecidas* de la Naturaleza, sin las cuales todos estaríamos en com-

pleta incertidumbre y confusión, y un adulto no sabría conducirse en los asuntos de la vida mejor que un niño recién nacido.

32. Y, sin embargo, esta acción coherente y uniforme, que muestra tan a las claras la bondad y sabiduría de aquel Espíritu gobernante cuya voluntad constituye las leyes de la naturaleza, está tan lejos de guiar nuestros pensamientos hacia Él, que más bien los impulsa a vagar detrás de causas segundas.[46] Pues, cuando percibimos ciertas ideas de los sentidos seguidas constantemente por otras ideas, y sabemos que ello no es obra nuestra, inmediatamente atribuimos poder y acción a las ideas mismas, y hacemos de una la causa de otra, lo cual no puede ser más absurdo e ininteligible. Así, por ejemplo, cuando observamos que, al percibir por la vista una cierta figura redonda y luminosa, percibimos al mismo tiempo por medio del tacto la idea o sensación llamada calor, concluimos de ello que el sol es la *causa* del calor. Y de la misma manera, cuando percibimos que el movimiento y el choque de los cuerpos va acompañado de sonido, nos inclinamos a pensar que el último es *efecto* del primero.

33. Las ideas impresas en los sentidos por el Autor de la naturaleza se llaman *cosas reales*; y aquéllas que aparecen en la imaginación, por ser menos vívidas, regulares y constantes, son llamadas con más propiedad *ideas* o *imágenes* de las cosas que ellas copian o representan. Pero nuestras *sensaciones* sin ser tan vívidas y distintas, son sin embargo ideas: es decir, existen en la mente o son percibidas por ella tan exactamente como las ideas que ella misma forma. Se admite que las ideas de los sentidos tie-

nen más realidad,[47] es decir son más fuertes, ordenadas y coherentes, que las creadas por la mente; pero éste no es un argumento para afirmar que existen fuera de la mente. Son además menos dependientes del espíritu o substancia pensante que las percibe, en cuanto son suscitadas por la voluntad de un Espíritu distinto y más poderoso; y sin embargo son *ideas*, y ciertamente ninguna idea, sea débil o fuerte, puede existir de otra manera que en un espíritu que la perciba.

34. Antes de proseguir es necesario que nos detengamos a contestar las objeciones que acaso puedan hacerse en contra de los principios que hemos establecido hasta aquí.[48] Si al hacerlo parezco demasiado prolijo a aquellos de entendimiento vivaz, deseo que me excusen, pues no todos captan con la misma facilidad cosas de esta naturaleza y yo deseo ser entendido por todos.

En *primer* lugar se objetará que según los principios enunciados se destierra del mundo todo lo que es real y substancial en la naturaleza y en su lugar se pone un esquema quimérico de *ideas*. Todas las cosas que existen, existen sólo en la mente; es decir, son simplemente nociones. ¿Qué le acontece entonces al sol, la luna y las estrellas? ¿Qué pensar de las casas, los ríos, las montañas, los árboles y las piedras, más aun, de nuestros propios cuerpos? ¿Son estas cosas sólo ilusiones y quimeras de la fantasía? A todo esto y a cuanto pueda ser objetado en el mismo sentido, respondo que los principios postulados no nos privan de una sola cosa de la naturaleza. Todo lo que vemos, sentimos, oímos, o de cualquier manera concebimos o entendemos, permanece tan seguro como siempre, y tan real como siempre. Hay una *rerum natura*, y la distinción entre realidades y quimeras conserva toda su fuerza. Ello resulta evidente de las secciones 29, 30 y 33, donde hemos mostrado lo que entendemos por *cosas reales*, en oposición a *quimeras* o *ideas de nuestra propia creación*; pero ambas clases de ideas existen por igual en la mente[49] y en ese sentido son igualmente *ideas*.

35. Yo no objeto la existencia de cualquier cosa que podamos aprehender por los sentidos o por la reflexión. No pongo en duda que las cosas que veo con mis ojos y toco con mis manos realmente existan. Lo único que niego es la existencia de lo que los *filósofos* llaman materia o substancia corporal. Y al hacerlo no infligimos el menor daño al resto de la humanidad que, supongo, no la echará de menos. En verdad, el ateo necesita de un nombre vacío para dar color a su impiedad; y posiblemente los filósofos encontrarán que han perdido un importante asidero para engañar y disputar.[50]

36. Si alguien piensa que esto disminuye en algo la existencia o realidad de las cosas, está muy lejos de entender lo que se ha enunciado en los términos más claros que yo pueda imaginar. He aquí un resumen de lo que se ha afirmado: hay substancias espirituales, mentes o almas humanas que en sí mismas desean o provocan ideas a voluntad;[51] pero éstas son débiles, inseguras e inestables en comparación con otras percibidas por los sentidos las cuales, por haber sido impresas de acuerdo a ciertas reglas o leyes de la naturaleza, muestran a las claras ser efecto de una Mente [*Mind*] más poderosa y sabia que los espíritus [*spirits*] humanos.[52] Se dice que estas últimas tienen *más*

realidad[53] en sí que las otras; con lo cual se quiere decir que son más vivaces, ordenadas y distintas y que no son ficciones de la mente que las percibe.[54] Y en este sentido el sol que veo de día es el sol real y el que imagino de noche es la idea del primero. De acuerdo al sentido que aquí damos a la *realidad*, es evidente que todo vegetal, estrella o mineral, y en general cada parte del sistema del mundo, es tan *ser real* según nuestros principios como según cualquier otro. Si otros entienden con el término *realidad* algo diferente a lo que entiendo yo, que examinen sus propios pensamientos y que decidan.

37. Se dirá que al menos hay esto de cierto: que quitamos todas las *substancias corporales*. A lo cual replico que si la palabra *substancia* se toma en el sentido vulgar —es decir, como una *combinación* de cualidades sensibles, como la extensión, solidez, peso, etcétera—, no se nos puede acusar de suprimirla. Pero si se la toma en un sentido filosófico —como el sostén de accidentes o cualidad fuera de la mente— entonces reconozco que en efecto la quitamos, si puede afirmarse que se suprime lo que nunca ha tenido existencia, ni siquiera en la imaginación.[55]

38. Pero después de todo, se dirá, suena muy mal afirmar que comemos y bebemos ideas y que estamos vestidos con ideas. Reconozco que es así, ya que no se usa la palabra idea en el lenguaje común para significar las distintas combinaciones de cualidades sensibles que son llamadas *cosas*; y es cierto que cualquier expresión que difiere del uso familiar de la lengua parecerá desagradable y ridícula. Pero esto nada tiene que ver con la verdad de la proposición, la cual, en otras palabras, no significa sino

que nos alimentamos y vestimos con aquellas cosas que percibimos inmediatamente por nuestros sentidos. Se ha mostrado que la dureza o suavidad, el color, sabor, calor, figura y cualidades semejantes, cuya combinación constituye las distintas clases de alimentos y vestidos, existe sólo en la mente que las percibe; y esto es todo lo que se quiere expresar llamándolas *ideas*, palabra que, usada ordinariamente en vez de *cosa*, no parecería más desagradable o ridícula que esta última. No deseo disputar acerca de la propiedad, sino de la verdad de la expresión. Si estáis de acuerdo conmigo en que comemos, bebemos y estamos vestidos con los objetos inmediatos de los sentidos,[56] que no pueden existir no percibidos o fuera de la mente, concederé de inmediato que resulta más apropiado y conforme a la costumbre que ellos sean llamados *cosas* más bien que *ideas*.

39. Si se pregunta por qué hago uso de la palabra *idea*, y no las llamo más bien, según la costumbre, *cosas*, contesto que lo hago por dos razones: primero, porque se cree generalmente que el término *cosa*, en contraposición a *idea*, denota algo que existe fuera de la mente. Segundo, porque *cosa* tiene una significación más amplia que *idea*, incluyendo tanto los espíritus o cosas pensantes[57] [*thinking things*] como las ideas. Ya que los objetos de los sentidos existen sólo en la mente y están, por otra parte, privados de pensamiento y actividad, prefiero denominarlos con la palabra *idea*, que implica esas propiedades.

40. Pero, por más que se diga, habrá alguien que replique que a pesar de todo seguirá dando fe a sus sentidos y que no permitirá que ningún razonamiento, por plausi-

ble que sea, prevalezca sobre la certidumbre de ellos. Que así sea. Establézcase la evidencia de los datos de los sentidos tan firmemente como se quiera; nosotros estamos dispuestos a hacer lo mismo. Que lo que veo, oigo y siento existe, es decir, es percibido por mí, está tan fuera de duda como la existencia de mi propio ser. Pero no comprendo cómo el testimonio de los sentidos pueda traerse como prueba de la existencia de algo que *no* es percibido por ellos. No queremos que nadie se torne escéptico y pierda su fe en los sentidos; al contrario, les damos toda la fuerza y seguridad imaginables pues, como se demostrará claramente más adelante, no hay principios más opuestos al escepticismo que los que hemos establecido.[58]

41. En *segundo* lugar, se objetará que hay una gran diferencia entre el fuego real, por ejemplo, y la idea del fuego; entre soñar o imaginarse que uno se quema y el quemarse realmente.[59] Esto y cosas semejantes pueden oponerse a nuestros principios. La respuesta resulta evidente de todo lo que ya se ha dicho,[60] y sólo agregaré aquí que si el fuego real es diferente de la idea del fuego, el dolor real que produce es distinto de la idea del mismo dolor y, sin embargo, nadie pretenderá que sea más fácil que el dolor real se produzca, o sea posible que se produzca, en una cosa no percipiente o fuera de la mente, que la idea de ese dolor.

42. En *tercer* lugar, se objetará que vemos realmente cosas fuera o a cierta distancia de nosotros las que, por lo tanto, no existen en la mente, pues es absurdo creer que las cosas que se ven a una distancia de varias millas estén tan próximas a nosotros como nuestros mismos pensa-

mientos.[61] Al responder a esta objeción, deseo se considere que en los sueños percibimos a menudo cosas como existentes a gran distancia nuestra y sin embargo se admite que tienen existencia sólo en la mente.

43. Para mayor claridad de este punto, sin embargo, convendría considerar en qué forma percibimos por medio de la vista las distancias y las cosas situadas a cierta distancia; puesto que el hecho de que en realidad *vemos* un espacio externo y cuerpos que existen efectivamente en él —algunos más cerca, otros más lejos— parece llevar en sí cierta oposición a lo que se ha dicho respecto a su no existencia fuera de la mente. Las consideraciones de esta dificultad dieron origen a mi *Essay towards a New Theory of Vision*, que fue publicado no hace mucho tiempo.[62] En donde se demuestra que la distancia o exterioridad [*outness*] no es percibida en sí misma por la vista[63] ni aprehendida o apreciada por líneas y ángulos o cualquier otra cosa que tenga una conexión necesaria con aquélla;[64] sino que es únicamente sugerida a nuestros pensamientos por ciertas ideas visibles [*visible*] y sensaciones que acompañan a la visión, las que en su propia naturaleza no tienen ninguna especie de similitud o de relación ya sea con la distancia o con las cosas situadas a cierta distancia;[65] pero, por un nexo que nos enseña la experiencia, ellas nos las representan y sugieren de la misma manera que las palabras de una lengua cualquiera sugieren las ideas que expresan.[66] A tal punto que un ciego de nacimiento que llegase a ver no pensaría en un principio que las cosas que ve estén fuera de su mente o a cierta distancia de él. Ver sección 41 del tratado mencionado.

44. Las ideas de la vista y el tacto constituyen dos especies enteramente distintas y heterogéneas.[67] Las primeras son las señales o indicios de las segundas. Que los objetos propios de la vista ni existen fuera de la mente ni son las imágenes de cosas externas, se mostró claramente en ese tratado.[68] No obstante se supuso verdadero, a lo largo del mismo, todo lo contrario respecto a los *objetos tangibles*, no porque el suponer ese error vulgar fuera necesario para el establecimiento de la tesis sostenida en él, sino porque estaba fuera de mi propósito el examinarlo y refutarlo en una obra concerniente a la *visión*. De modo que, en verdad, las ideas de la vista, cuando aprehendemos con ellas la distancia y las cosas puestas a cierta distancia, no nos sugieren o indican cosas realmente existentes a cierta distancia, sino que sólo nos advierten qué ideas de tacto serán impresas en nuestras mentes a tal o cual distancia de tiempo[69] y como consecuencia de tales o cuales acciones. Es evidente, por lo que se ha dicho en las partes precedentes de este Tratado y en la sección 147 y otras partes del Ensayo sobre la visión, que las ideas visibles son el lenguaje por medio del cual el Espíritu Gobernante, del cual dependemos, nos hace saber qué ideas tangibles [*tangible*] imprimirá en nosotros en caso de que provoquemos éste o aquel movimiento en nuestros propios cuerpos. Para una información más completa sobre este punto, véase el Ensayo.

45. En *cuarto* lugar, se objetará que de los principios precedentes se deriva que las cosas son destruidas y creadas de nuevo a cada momento. Los objetos de los sentidos existen sólo cuando son percibidos; por lo tanto los

árboles en el jardín o las sillas en la sala existen sólo cuando hay alguien que los perciba. Al cerrar los ojos todos los muebles de la habitación se reducen a nada y apenas los abro son creados nuevamente.[70] En contestación a lo cual remito al lector a lo que se ha dicho en las secciones 3, 4, etcétera y deseo que examine, cuando afirma la existencia efectiva de una idea, si quiere decir algo distinto a su ser percibido. Por mi parte, después del examen más prolijo que pude hacer, soy incapaz de descubrir otro significado a esas palabras; y una vez más ruego al lector sondee sus propios pensamientos y no se deje engañar con palabras. Si él puede concebir como posible que sus ideas o sus arquetipos existan sin ser percibidos, entonces me doy por vencido. Pero si no puede, reconocerá que no es razonable tomar la defensa de algo que no se sabe lo que es y pretender acusarme de ser absurdo por no querer asentir a aquellas proposiciones que en el fondo no tienen ningún sentido.

46. No estará de más observar hasta qué punto los principios filosóficos admitidos no están exentos de esos pretendidos absurdos. Parece extrañamente absurdo que al cerrar mis párpados todos los objetos visibles que me rodean queden reducidos a nada. Y sin embargo, ¿no es esto lo que los filósofos admiten cuando consienten abiertamente que la luz y los colores, que son los únicos objetos inmediatos y propios de la vista, son meras sensaciones que no existen más que cuando son percibidas? Posiblemente parezca a algunos enteramente inverosímil que las cosas sean creadas a cada momento; sin embargo esta doctrina [*notion*] se enseña comúnmente en las es-

cuelas, pues los escolásticos, a pesar de admitir la existencia de la materia[71] y que de ella surge la totalidad del mundo son, sin embargo, de opinión que no puede subsistir sin la consideración divina, lo que para ellos es una creación continua.

47. Además, un poco de reflexión nos mostrará que aun si aceptamos la existencia de la materia o substancia corpórea se deducirá inevitablemente, de los principios que se admiten generalmente, que los cuerpos particulares, de cualquier clase que sean, no existen mientras no son percibidos. Ya que es evidente por la sección 11 y siguientes, que la materia defendida por los filósofos es un algo [*Somewhat*] incomprensible, que no tiene ninguna de esas cualidades particulares por las cuales se distinguen unos de otros los cuerpos que caen bajo nuestros sentidos. Para que esto sea más claro debe señalarse que la infinita divisibilidad de la materia es admitida ahora universalmente, al menos por los más aceptados y eminentes filósofos, quienes la demuestran sin dejar lugar a dudas, fundándose sobre los principios admitidos. Por lo tanto se deduce que hay un infinito número de partes en cada partícula de materia que no es percibido por los sentidos.[72] La razón, entonces, de que cualquier cuerpo determinado parezca ser de magnitud finita o presente a los sentidos un número finito de partes, se debe a que éstos no tienen la agudeza necesaria para distinguirlas, y no a que las cosas sean así, pues ellas contienen un infinito número de partes. A medida, pues, que los sentidos se hacen más agudos perciben un mayor número de partes en los objetos, es decir, éstos aparecen más grandes, sus figu-

ras variarán, ya que aquellas partes en las extremidades que eran antes imperceptibles aparecen ahora limitándolo con líneas y ángulos diferentes a los percibidos por un sentido más obtuso. Y, al fin, después de varios cambios de tamaño y forma, cuando los sentidos se tornen infinitamente agudos, el cuerpo parecerá infinito. Durante lo cual no hubo ninguna alteración en el cuerpo sino únicamente en los sentidos. Por lo tanto, cada cuerpo considerado en sí mismo es infinitamente extenso y por consiguiente privado de toda forma o figura. De lo cual se deduce que, aun admitiendo como cierta la existencia de la materia, es también cierto que los mismos materialistas se ven obligados, por sus propios principios, a reconocer que ni los cuerpos particulares percibidos por los sentidos, ni algo que se les asemeje, existen fuera de la mente. La materia y cada partícula de ella es, según ellos, infinita e informe; y es la mente la que forma toda esa variedad de cuerpos que componen el mundo visible y ninguno de los cuales existe sino cuando es percibido.

48. Pero, después de todo, si se considera la objeción propuesta en la sección 45 no se encontrará razonable acusar a los principios que hemos establecido o hacer alguna objeción en contra de nuestras nociones. Pues, a pesar de que creemos que los objetos de los sentidos no son más que ideas que no pueden existir impercibidas, sin embargo no concluimos de ello que no existen sino únicamente cuando son percibidas por *nosotros*; pues puede haber algún otro espíritu que las perciba aun cuando no las percibamos nosotros. Cuando se afirme que los cuerpos no tienen existencia fuera de la mente, deseo que no se crea que

me refiero a ésta o aquella mente particular, pues me refiero a todas las mentes, cualesquiera sean. No se deduce, pues, de los principios precedentes, que los cuerpos son destruidos y creados a cada momento, o no existen durante los intervalos entre *nuestras* percepciones de ellos.

49. En *quinto* lugar, se objetará posiblemente que si la extensión y la figura existen sólo en la mente, se deduce que ésta es extensa y tiene una forma; puesto que la extensión es un modo o atributo que (para hablar como la Escuela) es el predicado del sujeto en el que existe. Respondo que esas cualidades están en la mente sólo en tanto son percibidas por ella, es decir, no como *modo* o *atributo*, sino como *idea*. Y no hay más razones para deducir que el alma o la mente sea extensa, porque la extensión existe sólo en ella, que las hay para afirmar que es roja o azul porque estos colores, como todos reconocen, existen en la mente y no en otra parte. Y lo que los filósofos dicen del sujeto y del modo parece ser infundado e ininteligible. Por ejemplo, en la proposición "el dado es duro, extenso y cuadrado" se pretende que la palabra *dado* denote un sujeto o substancia distinto de la dureza, la extensión y la figura que se predican de él y que en él existen. Esto me resulta incomprensible; para mí un dado no es nada más que esas cosas que se llaman sus modos o accidentes. Y decir que un dado es duro, extenso y cuadrado no es atribuir esas cualidades a un sujeto distinto de ellas y que las sostiene, sino tan sólo explicar el significado de la palabra *dado*.

50. En *sexto* lugar, se dirá que muchas cosas han sido explicadas por la materia y el movimiento y que si éstos

se quitan, se destruye toda la filosofía *atómica* [*corpuscular*] y se socavan aquellos principios mecánicos que han sido aplicados con tanto éxito en la explicación de los fenómenos. En resumen, cualquier progreso que hayan realizado en el estudio de la naturaleza los filósofos antiguos y modernos procede enteramente de la suposición de que la substancia corporal o materia existe realmente. A esto replico que no hay un solo fenómeno que se explique con este supuesto que no pueda explicarse también sin él, como puede fácilmente hacerse ver con una inducción de particulares. Explicar un fenómeno no es más que mostrar por qué, en tales o cuales ocasiones, nos afectan tales o cuales ideas. Pero de qué manera la materia[73] opera sobre el espíritu o produce una idea en él, es lo que ningún filósofo tratará de explicar; es, por lo tanto, evidente que en filosofía natural no puede hacerse ningún uso de la materia. Además, quienes tratan de explicar las cosas lo hacen no por la substancia corporal sino por la figura, el movimiento y otras cualidades, las cuales no son, en verdad, sino ideas y por lo tanto no pueden ser la causa de nada como ha sido ya demostrado. (Véase sec. 25.)

51. En *séptimo* lugar, se preguntará si no parecería absurdo quitar las causas naturales y atribuir todo a las operaciones inmediatas de los espíritus. Según estos principios no podríamos decir que el fuego calienta o que el agua enfría, sino que un espíritu calienta, etcétera. ¿No estaría acaso justificado el reírse de un hombre que hablara de esta manera? Contesto que lo estaría, pues en tales cosas debemos pensar con los doctos y hablar con el vulgo. Quienes están convencidos de la verdad del sistema

copernicano dicen, sin embargo, que "el sol sale" o "el sol se pone" o "llega al meridiano" y si al hablar corrientemente usaran expresiones distintas aparecerían, sin duda alguna, muy ridículos. Un poco de reflexión sobre lo que aquí se dice pondrá de manifiesto que el uso común del lenguaje no sufrirá ninguna alteración o disturbio que se derive de la aceptación de nuestra doctrina.

52. En las actividades ordinarias de la vida puede emplearse cualquier expresión, siempre que provoque en nosotros sentimientos convenientes o disposiciones adecuadas para actuar en la manera que sea necesaria para nuestro propio bien, aunque sea falsa si se la toma en un sentido estricto y especulativo. Más aún, esto es inevitable puesto que la propiedad del lenguaje está regulada por la costumbre y éste se adapta a las opiniones admitidas, que no siempre son las más verdaderas. Por lo tanto, es imposible —aun en los razonamientos filosóficos más rígidos— cambiar la tendencia y genio de la lengua que hablamos y no dar un pretexto a los caviladores para que imaginen dificultades y contradicciones. Pero un lector que tenga ingenio y buena fe deducirá el sentido del discurso de su contenido, propósito y conexión, pasando por alto aquellas impropiedades en el hablar que el uso ha hecho inevitables.

53. La opinión de que no hay ninguna causa corpórea ha sido primeramente mantenida por algunos escolásticos y en los últimos tiempos por ciertos filósofos[74] modernos quienes, si bien admitían que existía la materia, sostenían que sólo Dios era la causa inmediata y eficiente de todas las cosas. Estos hombres admitieron que entre

todos los objetos de los sentidos no había ninguno que tuviera en sí algún poder o actividad; y que, por consiguiente, esto era igualmente verdadero acerca de cualquier cuerpo que supusieran existiendo fuera de la mente, como sucedía con los objetos inmediatos de los sentidos. Afirmo que aun admitiendo que sea posible, es una hipótesis inexplicable y extravagante suponer una multitud de seres que dichos filósofos reconocen que son incapaces de producir ningún efecto en la naturaleza y que por lo tanto no fueron creados con propósito alguno, puesto que Dios podría haber hecho todo sin ellos.

54. En *octavo* lugar, algunos creerán que el universal asentimiento de la humanidad es un argumento invencible en favor de la materia o de la existencia de cosas externas.[75] ¿Debemos suponer que todo el mundo está en un error? Y si es así, ¿qué causas pueden asignarse a un error tan extendido y predominante? Contesto, en primer término, que una investigación minuciosa nos mostrará que acaso no haya tantos como se imagina que realmente crean en la existencia de la materia o de las cosa fuera de la mente. Si se habla con rigor, debe reconocerse que es imposible creer en lo que implica una contradicción o no tiene sentido,[76] y yo refiero al examen imparcial del lector el decidir si las precedentes expresiones no son de esa clase. En un sentido, realmente, puede decirse que los hombres creen que la materia existe; es cuando ellos actúan como si la causa inmediata de sus sensaciones, que les impresiona a cada momento y está presente en forma inmediata, fuera algo insensible y no pensante. Pero me resulta imposible concebir que ellos aprehendan clara-

mente el significado que expresan esas palabras y se formen una estable opinión especulativa al respecto. No es éste el primer caso en que los hombres se engañan imaginando creer en aquellas proposiciones que oyen con frecuencia, si bien en el fondo no conocen su significado.

55. Pero en segundo lugar,[77] aun admitiendo que ninguna teoría [*notion*] haya sido tan universal y firmemente aceptada, éste sería un débil argumento para probar su verdad, a quien considere que un gran número de prejuicios y falsas opiniones han sido en todas partes abrazados con la mayor tenacidad, por la parte que no reflexiona (y que constituye la mayoría) de la humanidad. Hubo un tiempo en que los antípodas y el movimiento de la tierra eran considerados absurdos monstruosos aun por hombres doctos; y si se considera que éstos representan un pequeño grupo frente al resto de la humanidad, se verá que actualmente esas teorías han avanzado muy poco en el mundo.

56. Pero se pide que asignemos una causa a este prejuicio y expliquemos su predominio en el mundo. A lo que respondo que los hombres, al saber que perciben muchas ideas de las cuales no son sus autores,[78] por no ser provocadas desde dentro o depender de las operaciones de su voluntad, sostienen que esas *ideas* u objetos de la percepción tienen una existencia independiente y fuera de la mente, sin imaginarse jamás que esas palabras implican una contradicción. Pero los filósofos que han visto claramente que los objetos inmediatos de la percepción no existen fuera de la mente corrigen, hasta cierto punto, el error del vulgo, pero al mismo tiempo caen en otro,

que parece no menos absurdo, a saber, que hay ciertos objetos que existen en realidad fuera de la mente, o tienen una existencia [*subsistence*] distinta de su ser percibido, de los cuales nuestras ideas son sólo imágenes o semejanzas, impresas en la mente por esos objetos. Y esta teoría de los filósofos debe su origen a la misma causa que la anterior, es decir, al convencimiento de que *ellos* no son los autores de sus propias sensaciones, las que fueron impresas desde fuera, según les resulta evidente, y por lo tanto deben tener *alguna* causa distinta de las mentes en que se hallan impresas.

57. También pueden darse las razones que les han hecho suponer que las ideas de los sentidos son provocadas en nosotros por cosas que les son semejantes y no han recurrido más bien al *espíritu* que es el único dotado de actividad. La primera razón es que ellos no habían percibido la contradicción que hay, tanto en suponer cosas semejantes a nuestras ideas y existentes fuera de ellas, como en atribuirles poder o actividad. La segunda es que el Espíritu Supremo que provoca esas ideas en nuestra mente no está señalado y limitado a nuestra vista por algún conjunto particular y finito de ideas sensibles, como los agentes humanos lo están por su tamaño, aspecto, miembros y movimientos. Y la tercera es que Sus operaciones son regulares y uniformes. En cualquier momento en que el curso de la naturaleza es interrumpido por un milagro, los hombres están dispuestos a reconocer la presencia de un Agente Superior. Pero cuando vemos que las cosas continúan su curso ordinario no provocan en nosotros ninguna reflexión; su orden y concatena-

ción, si bien son un argumento en favor de la gran sabiduría, poder y bondad de su Creador, son tan constantes y familiares para nosotros, que no nos hacen pensar que sean el efecto inmediato de un *Espíritu Libre*, especialmente desde que la inconstancia y mutabilidad de la acción, que a pesar de ser una imperfección, se consideran como un signo de *libertad*.

58. En *décimo*[79] lugar, se objetará que las teorías que hemos expuesto contradicen algunas verdades firmes de la filosofía y las matemáticas. Por ejemplo, el movimiento de la tierra es admitido ahora universalmente por los astrónomos como una verdad fundada sobre las más claras y convincentes razones. Pero de acuerdo a los principios precedentes no puede haber tal cosa, pues si el movimiento es tan sólo una idea, se deduce que no existe si no es percibido y el movimiento de la tierra no es percibido por los sentidos. Replico que esa doctrina, si se entiende rectamente, concuerda con los principios que hemos establecido, pues la cuestión sobre si la tierra se mueve o no puede reducirse a saber si tenemos razón para concluir, de lo que ha sido observado por los astrónomos, que si nos encontráramos en tales o cuales circunstancias o en tal o cual posición o distancia de la tierra y el sol, percibiríamos que la tierra se mueve en el coro de los planetas y aparece semejante a uno de ellos; y esto, según las reglas establecidas de la naturaleza, de las cuales no tenemos razón para dudar, se deduce racionalmente de los fenómenos.

59. De la experiencia que hemos tenido del curso y sucesión de las ideas[80] en nuestra mente, podemos hacer,

no conjeturas inciertas, sino bien fundadas y seguras predicciones respecto a las ideas que se imprimirán en nosotros correspondientes a una larga serie de acciones; y ser capaces de juzgar exactamente qué se nos presentaría en caso de que nos encontráramos en circunstancias muy distintas de las que nos encontramos actualmente. En esto consiste el conocimiento de la naturaleza, el cual puede conservar su utilidad y certeza en perfecto acuerdo con lo que se ha dicho. Sería fácil contestar del mismo modo cualquier objeción semejante que pudiera derivarse de la magnitud de las estrellas o de cualquier otro descubrimiento en astronomía o en la naturaleza.

60. En *undécimo* lugar, se preguntará qué objeto tiene la curiosa organización de las plantas y el mecanismo animal. ¿No podrán acaso crecer los vegetales y dar hojas y flores, y realizar los animales todos los movimientos, sin toda esa variedad de partes internas tan elegantemente tramadas y dispuestas, que por ser ideas no tienen ningún poder o acción, ni tampoco una conexión *necesaria* con los efectos que se les atribuye? Si es un Espíritu quien produce inmediatamente cualquier efecto con un *fiat* o acto de su voluntad[81] debemos pensar que todo lo que es bello y artificioso —sea obra del hombre o de la naturaleza— ha sido hecho en vano. Según esta doctrina, aunque su artífice haya hecho los resortes, ruedas y demás partes de un reloj y las haya ajustado en la forma que, según él sabe, es necesaria para que se produzcan los movimientos que ha concebido, deberá sin embargo pensar que todo ello ha sido hecho sin una finalidad y que hay una Inteligencia que dirige las agujas y señala las horas del día. Si es

así, ¿por qué la Inteligencia no podría hacer lo mismo sin tomarse el trabajo de producir los movimientos y ordenarlos? ¿Por qué una caja vacía no serviría como cualquier otra? ¿Y cómo se explica que siempre que hay un defecto en la marcha de un reloj hay algún desperfecto en el mecanismo, y que una vez corregido por una mano hábil todo marcha bien nuevamente? Lo mismo puede decirse de todo el mecanismo de la naturaleza, gran parte del cual es tan maravillosamente fino y sutil que difícilmente pueda percibirse con el mejor microscopio. En resumen, se preguntará cómo, de acuerdo a nuestros principios, pueda darse una razón aceptable o asignarse una causa final a una innumerable multitud de cuerpos y máquinas, formados con arte exquisito, que en la filosofía ordinaria tienen usos opuestos y sirven para explicar una gran cantidad de fenómenos.

61. A todo lo cual replico que, aunque haya algunas dificultades referentes al proceder de la Providencia y al uso que Ella asigna a varias partes de la naturaleza que no puedo yo resolver con los principios precedentes, esta objeción tiene poco peso frente a la verdad y certeza de aquellas cosas que pueden ser probadas *a priori* con la mayor evidencia y rigor de demostración.[82] Además, los principios aceptados no están libres de dificultades semejantes, pues puede preguntarse con qué fin usa Dios esos métodos indirectos para efectuar, por medio de instrumentos y máquinas, aquellas cosas que, como nadie se atrevería a negarlo, podrían efectuarse con el mero mandamiento de Su voluntad y sin todo ese *aparato*. Más aún, si lo consideramos atentamente, veremos que las objecio-

nes pueden dirigirse con mayor fuerza en contra de quienes sostienen la existencia de aquellas máquinas fuera de la mente; pero se ha demostrado de modo evidente que la solidez, volumen, figura, movimiento y cualidades semejantes, no tienen en ellas *actividad* o *eficiencia* como para producir cualquier efecto en la naturaleza. (Véase sec. 25.) Por lo tanto, quien suponga (admitiendo que sea posible suponerlo), que ellas existen cuando no son percibidas lo hace sin ningún objeto, ya que el único oficio que se les asigna, si existen como no percibidas, es que produzcan aquellos efectos perceptibles que en verdad no pueden ser atribuidos sino al Espíritu.

62. Para acercarse más aún a la dificultad deberá observarse que si bien la fabricación de todas aquellas partes y órganos no es absolutamente necesaria para producir algún efecto, sin embargo es necesaria para producir cosas en un mundo constante y regular, de acuerdo a las leyes de la naturaleza. Hay ciertas leyes generales que se encuentran a través de toda la cadena de efectos naturales; las aprehendemos por la observación y el estudio de la naturaleza y se las aplica tanto en la fabricación de las cosas artificiales para ornamento y uso en la vida, como para explicar los distintos fenómenos. Esta explicación consiste sólo en mostrar la conformidad que tiene cualquier fenómeno particular con las leyes generales de la naturaleza o, lo que es lo mismo, en descubrir la *uniformidad* que hay en la producción de los efectos naturales; esto será evidente a cualquiera que observe los diversos casos en que los filósofos pretenden dar razón de las apariencias. En la sec. 31 se ha mostrado que hay una grande y visible

utilidad en estos métodos de trabajo, constantes y regulares, que se observan en el Agente Supremo. Y no es menos visible que un tamaño, figura y movimiento particulares y las disposiciones de las partes, si bien no son absolutamente necesarias para producir un efecto determinado, lo son para producirlo de acuerdo a las leyes mecánicas establecidas de la naturaleza. Así, por ejemplo, no puede negarse que Dios o la Inteligencia que sostiene y regula el curso ordinario de las cosas podría, si estuviese dispuesto a hacer un milagro, causar todos los movimientos en el cuadrante de un reloj, aunque nadie haya hecho el mecanismo y lo haya puesto dentro del reloj. Pero si Él desea actuar de acuerdo a las reglas del mecanismo, por Él establecidas y mantenidas en la creación con sabios fines, es necesario que esas acciones del relojero por las cuales *él* fabrica el mecanismo y lo ajusta convenientemente, precedan a la producción de los movimientos antedichos, como también es necesario que cualquier alteración de dicho movimiento vaya acompañada de una alteración correspondiente en el mecanismo y que una vez corregida todo marche bien como antes.

63. Puede ser necesario alguna vez que el Autor de la naturaleza ponga de manifiesto su supremo poder regulador y produzca alguna cosa que aparezca fuera del curso ordinario de las cosas. Tales excepciones a las reglas generales de la naturaleza sorprenderán y atemorizarán a los hombres y les harán reconocer al Ser Divino; pero no deberán ser muy frecuentes pues de lo contrario es claro que carecerán de ese efecto. Además, Dios parece haber preferido convencer nuestra razón más bien con las obras

de la naturaleza que revelan tanta armonía e ingenio y son indicaciones tan claras de la sabiduría y benevolencia de su Autor, que conducirnos a la creencia en su Ser por el estupor que nos producirían hechos anómalos y sorprendentes.

64. Para aclarar aún más este asunto, señalaré que lo que se ha objetado en la sec. 60 se reduce, en realidad, a nada más que esto: las *ideas* no se producen al azar, sino que hay entre ellas un cierto orden o conexión semejante al de causa y efecto; hay también diversas combinaciones de ideas, hechas en modo regular e intencional, que parecen otros tantos instrumentos en las manos de la naturaleza y que estando como escondidos detrás de los bastidores obran en tal forma que producen aquellas apariencias que se ven en el teatro del mundo y que en sí son los discernibles al ojo curioso del filósofo. Pero, ya que una idea no puede ser la causa de otra, ¿qué finalidad tiene esa conexión? Y como dichos instrumentos no son más que percepciones *ineficaces* de la mente y no sirven para producir efectos naturales, se pregunta por qué han sido hechos; o en otras palabras, qué razón puede darse para explicar que Dios nos haga contemplar, cuando observamos atentamente sus obras, una gran variedad de ideas agrupadas tan regularmente y con tanto artificio, ya que no puede creerse[83] que Él use de todo ese arte y regularidad sin ningún propósito.

65. Mi respuesta a todo ello es: primero, que la conexión de las ideas no implica la relación de *causa* a *efecto*, sino sólo de una marca o *signo* con la *cosa significada*. El fuego que veo no es la causa del dolor que sufro al aproximarme a él, sino el signo que me lo advierte. De la mis-

ma manera el ruido que oigo no es el efecto de éste o aquel movimiento o choque de cuerpos, sino su signo. Segundo, la razón por la cual las ideas están ordenadas como las máquinas, es decir, en combinación regular y artificial, es la misma por la cual se combinan las letras para constituirse las palabras. Para que pocas ideas originales puedan significar un gran número de efectos y acciones, es necesario que se las combine en formas diversas, y para que su uso sea permanente y universal esas combinaciones deben ser hechas de acuerdo a *reglas* y *sabios planes*. De este modo tenemos una gran cantidad de información respecto a lo que debemos esperar de tales o cuales acciones y qué métodos son más adecuados para provocar tales o cuales ideas. Lo cual es en realidad todo lo que concibo se quiere expresar distintamente cuando se afirma[84] que al percibir [*discern*] la figura, estructura y mecanismo de las partes internas de los cuerpos naturales o artificiales podemos llegar a conocer los diversos usos y propiedades, o la naturaleza de la cosa.

66. Es evidente, por lo tanto, que aquellas cosas, que según la teoría [*notion*] de una causa que coopera o concurre en la producción de efectos son totalmente inexplicables y nos conducen a grandes absurdos, pueden ser explicadas naturalmente y puede asignárseles un uso propio y claro cuando se las considera sólo como marcas o signos para *nuestra* información. Y la ocupación del filósofo de la naturaleza debe ser buscar y esforzarse por entender ese Lenguaje (si así puede llamarse) del Autor de la Naturaleza; y no pretender explicar las cosas por causas *corporales*, doctrina ésta que parece haber apartado demasiado

la mente de los hombres de aquel principio activo, de aquel Espíritu supremo y sabio en quien vivimos, nos movemos y existimos".

67. En *duodécimo* lugar, se objetará tal vez que si bien es evidente por lo que se ha dicho que no puede haber esa substancia inerte, insensible, extensa, sólida, con forma y movimiento, que existe fuera de la mente y que los filósofos llaman materia, sin embargo, si alguien apartara de su idea de materia las ideas positivas de extensión, figura, solidez y movimiento y dijera que con esa palabra quiere significar una substancia inerte e insensible que existe fuera de la mente o no percibida y que es *causa*[85] de nuestras ideas, o en cuya presencia Dios se complace en provocar ideas en nosotros, parecería que la materia, tomada en este sentido, pudiera existir. A lo cual replico, en primer término, que parece no menos absurdo suponer una substancia sin accidentes que suponer accidentes sin una substancia. En segundo lugar, aun admitiendo que pueda existir esta substancia desconocida, ¿dónde supondremos que exista? Se está de acuerdo en que no existe en la mente;[86] y no es menos cierto que no existe en el espacio [*place*] pues el espacio y la extensión existen sólo en la mente, como se ha demostrado ya. No queda más que afirmar que no existe en ninguna parte.

68. Examinemos un poco la descripción que se nos da aquí de la materia. Ella no actúa, no percibe ni es percibida, pues esto es todo lo que se quiere decir cuando se afirma que es una substancia inerte, insensible y desconocida; esta definición está hecha enteramente con negociaciones, exceptuando la noción relativa de que soporta o

sostiene. Pero debe observarse que no sostiene nada y en tal caso deseo que se considere cuán cerca estamos de la descripción de la *nada*.[87] Pero, se dirá, ésa es la *causa desconocida*[88] [*unknown occasion*] en cuya presencia las ideas son provocadas en nosotros por voluntad de Dios. Ahora bien, me gustaría saber cómo podría estar presente ante nosotros algo que no es percibido por los sentidos ni por la reflexión, y no es capaz de producir ninguna idea en nuestra mente, ni tiene extensión, ni forma y no existe en ninguna parte. Las palabras "estar presente", cuando se usan en este sentido, deben tener un significado extraño y abstracto que no alcanzo a comprender.

69. Examinemos, además, qué se entiende por *causa* [*occasion*]. De acuerdo al lenguaje común, esa palabra significa o bien el agente que produce un efecto o bien algo que, según se observa, lo acompaña o lo precede en el curso ordinario de las cosas. Pero cuando se la aplica a la materia, tal cual se la describió, no podrá tomársela en ninguno de esos dos sentidos, pues la materia es considerada pasiva e inerte y por lo tanto no puede ser un agente o causa eficiente. Además, no es perceptible pues está desprovista de todas las cualidades sensibles y por lo tanto no puede ser la causa de nuestras percepciones, como cuando la quemadura de un dedo se toma por la causa del dolor que la acompaña. ¿Qué puede entonces significar la afirmación de que la *materia* es una *causa* [*occasion*]? o bien este término está usado sin sentido, o bien tiene un significado muy lejano del admitido.

70. Se dirá, posiblemente, que si bien la materia no es percibida por nosotros, es percibida por Dios, a quien le

sirve como causa [*occasion*] de la producción de las ideas en nuestra mente.[89] Pues, se dirá, si observamos que nuestras sensaciones son impresas de manera ordenada y constante es razonable suponer que hay ciertas causas [*occasions*] constantes y regulares en su producción. Es decir, que hay ciertas partículas de materia, permanentes y distintas, que corresponden a nuestras ideas y que si bien no las provocan en nuestra mente y no nos afectan inmediatamente en ningún modo, por ser del todo pasivas e imperceptibles para nosotros, son, sin embargo, perceptibles para Dios, por quien *son* percibidas como tantas ocasiones [*occasions*] para recordarle cuándo y qué ideas debe imprimir en nuestra mente; y así puedan las cosas proseguir en modo constante y uniforme.[90]

71. En respuesta a esta objeción debo señalar que, de acuerdo a la noción de materia que aquí se estableció, la cuestión no se refiere ya a la existencia de una cosa distinta del *Espíritu* [*Spirit*] y la *idea* del percibir y del ser percibido; sino que consiste en saber si hay ciertas ideas (de no sé qué clase), en la mente de Dios, que son otros tantos signos [*marks*] o notas que lo inducen [*direct*] a producir sensaciones en nuestra mente en forma constante y regular, de la misma manera como un músico es llevado por las notas de la música a producir esa armoniosa sucesión y composición de sonidos que se llama una melodía, a pesar de que el que escucha la música no percibe las notas y puede ignorarlas completamente. Pero esta noción de materia (que después de todo es la única inteligible que pueda extraerse de lo que se ha dicho de las causas desconocidas), parece demasiado extravagante para que

merezca una refutación. Además, no es en realidad una objeción en contra de lo que hemos establecido, a saber: que no hay ninguna substancia insensible y no percibida.

72. Si seguimos la luz de la razón debemos deducir del proceder constante y uniforme de nuestras sensaciones, la bondad y sabiduría del Espíritu que las provoca en nuestra mente; y esto es todo lo que, a mi modo de ver, pueda deducirse razonablemente de ello. Para mí es evidente que el ser de un Espíritu —infinitamente sabio, bueno y poderoso— es más que suficiente para explicar todos los fenómenos de la naturaleza. Pero en lo que respecta a la *materia inerte e insensible*, nada de lo que percibo tiene la más mínima relación con ella o conduce a pensarla; y vería con agrado que alguien explicase por medio de ella el más insignificante fenómeno de la naturaleza o mostrase una razón, aunque sea del más bajo grado de probabilidad, en favor de su existencia, o que al menos diese un sentido o significado tolerable a esa hipótesis. En cuanto a que es una causa [*occasion*], hemos mostrado con evidencia, creo yo, que no lo es en relación a nosotros. Sólo resta, por lo tanto, que sea la causa por la cual Dios provoca las ideas en nosotros, y ya hemos visto en qué consiste esto.

73. Vale la pena reflexionar un poco sobre los motivos que indujeron a los hombres a suponer la existencia de la *substancia material*; de modo que observando la cesación y expiración gradual de esos motivos o razones, podamos retirar proporcionalmente el asentimiento que estaba fundado en ellas. Primero se pensó que el color, la figura, el movimiento y demás cualidades sensibles o accidentes

existían en realidad fuera de la mente y por esta razón pareció necesario suponer un *substrato* no pensante o substancia donde ellas existiesen, ya que no podía concebirse que existiesen por sí mismas. Más tarde, con el andar del tiempo, al convencerse los hombres[91] de que los colores, sonidos y demás cualidades sensibles o secundarias no tenían existencia fuera de la mente, despojaron a este *substrato* o substancia material de *aquellas* cualidades, dejando solamente las cualidades primarias, como la figura, el movimiento, etcétera las que ellos concibieron como existentes fuera de la mente y que, por lo tanto, necesitaban un sostén material. Pero al haberse demostrado que ninguna de éstas puede existir de otro modo que en un espíritu o mente que las percibe,[92] se deduce que ya no tenemos ninguna razón para suponer el ser de la materia; más aún, que es absolutamente imposible que pueda existir tal cosa, siempre que esa palabra se tome en el sentido de *substrato no pensante* de cualidades o accidentes, en el que ellas existen fuera de la mente.

74. Pero si bien los mismos materialistas reconocen que la materia fue aceptada sólo como soporte de accidentes y que al cesar por completo esa razón se podría esperar que la mente renunciase, naturalmente y de buen grado, a la creencia de aquello que se fundaba sobre ella, sin embargo, ese prejuicio está asentado tan profundamente en nuestros pensamientos que no podemos abandonarlo y nos inclinamos, ya que la *cosa* en sí misma es indefendible, a retener el *nombre*, que aplicamos —sin ninguna razón aparente, en lo que yo pueda ver, al menos— a no sé qué nociones abstractas e indefinidas de *ser* o de

causa [*occasion*]. Pues, ¿qué hay en nosotros, o qué percibimos entre las ideas, sensaciones y nociones impresas en nuestra mente por medio de los sentidos o la reflexión, de que podamos inferir la existencia de una causa [*occasion*] inerte, impensada y no percibida?; y por otra parte, ¿qué cosa puede hacernos creer, o sólo sospechar, que un Espíritu Todopoderoso [*All-sufficient*] es guiado por una causa [*occasion*] inerte a provocar ideas en nuestra mente?

75. Es un ejemplo extraordinario y muy lamentable de la fuerza de los prejuicios, el que la mente del hombre conserve tanto afecto —en contra de toda la evidencia de la razón— por un *Algo* [*Somewhat*] obtuso y desprovisto de pensamiento, cuya interposición le separa de la Providencia de Dios y le aleja de las cosas del mundo. Pero, aunque hagamos el mayor esfuerzo posible para salvar la creencia en la materia y, si la razón nos abandona, nos empeñemos en apoyar nuestra opinión en la simple posibilidad de su existencia; y aunque nos entreguemos al libre impulso de la imaginación no regulada por la razón para explicar su mísera posibilidad, el resultado final de todo será que hay ciertas ideas *desconocidas* en la mente de Dios, pues esto es lo único que yo concibo se quiera significar por *causa* [*occasion*] con respecto a Dios. Y esto, en realidad, no es disputar acerca de la cosa sino acerca del nombre.

76. Por lo tanto no discutiré[93] si hay tales ideas en la mente de Dios y si *ellas* pueden ser designadas con el nombre de *materia*. Pero si alguien se aferrase a la noción de una substancia no pensante o sostén de la extensión, el movimiento y demás cualidades sensibles, sería enton-

ces para mí evidentemente imposible que hubiera tal cosa, ya que implicaría una contradicción manifiesta que esas cualidades existiesen en una substancia no perceptible o estuviesen sostenidas por ella.[94]

77. Pero, se dirá, aun reconociendo que no haya ningún sostén no pensante de la extensión y demás cualidades o accidentes que percibimos, es posible, sin embargo, que haya alguna substancia no percipiente e inerte, o *substrato* de alguna cualidad, tan incomprensible para nosotros como lo son los colores para un ciego de nacimiento, porque no tenemos un sentido que se adapte a ella; pero si tuviéramos un nuevo sentido posiblemente no dudaríamos de *su* existencia, como no duda un ciego que adquiere la vista de la existencia de la luz y los colores. Respondo, en primer término que si se quiere significar con la palabra *materia* únicamente el sostén desconocido de cualidades desconocidas, no nos importa que exista o no, ya que en nada nos afecta, y no veo la ventaja que hay en disputar sobre algo que no sabemos *qué* [*what*] es y del cual desconocemos el *porqué* [*why*].

78. Pero, además, si tuviésemos un nuevo sentido nos proporcionaría nuevas ideas o sensaciones y entonces tendríamos la misma razón en contra de su existencia en una substancia no percipiente que las expuestas al hablar de la figura, el movimiento, el color, etcétera. Las *cualidades*, como se ha demostrado, no son nada más que *sensaciones* o *ideas* que existen sólo en una mente que las percibe: y esto es cierto no sólo respecto a las ideas que conocemos actualmente, sino también respecto a toda idea posible.[95]

79. Pero, se insistirá, ¿qué importa si no tengo ninguna razón para creer en la existencia de la materia? ¿Qué importa si no puedo asignarle ningún uso, o explicar nada por ella, o ni siquiera concebir qué quiere significarse con esa palabra? Ya que, a pesar de ello, no es una contradicción afirmar que la materia *existe* y que esa materia es en *general* una *substancia* o *causa* [*occasion*] *de las ideas*, aunque en realidad el desentrañar el significado de esas palabras, o aceptar cualquier explicación particular de ellas, está lleno de dificultades. Mi contestación es que si se usan las palabras sin un significado se las puede agrupar como se quiera, sin peligro de caer en una contradicción. Se puede decir, por ejemplo, que dos por dos es igual a siete, siempre que se diga que no se han tomado las palabras de esa proposición en su acepción usual, sino como signos de no sé que cosa. Y por la misma razón se puede decir que hay una substancia inerte, no pensante y sin accidentes, que es la causa [*occasion*] de nuestras ideas. Y entenderemos una proposición tanto como la otra.

80. Por *último* diréis, ¿y si abandonamos la causa de la substancia material y sostenemos que la materia es un *algo desconocido* —que no es substancia ni accidente, ni espíritu ni idea— inerte, sin pensamiento, indivisible, inmóvil, inextenso que no existe en ninguna parte? Pues, agregaréis, cualquier cosa que pueda traerse en contra de la *substancia* o *causa ocasional* [*occasion*], o cualquier otra noción positiva o relativa de la materia, no tiene sentido, siempre que se mantenga esa definición negativa de la misma. A ello contesto que podéis, si os parece conveniente, usar la palabra *materia* en el mismo sentido que

otros usan la palabra *nada* [*nothing*] y hacer así que ambos términos se correspondan en vuestro lenguaje. Después de todo, en eso es en lo que va a parar dicha definición, cuyas partes, cuando se las considera con atención ya sea en conjunto o separadamente, no producen en mi mente otra impresión o efecto distinto del que produce el término *nada*.

81. Replicaréis, tal vez, que en la definición anterior está comprendido lo que lo distingue suficientemente de la nada, es decir la idea positiva y abstracta de *quid*, *entidad* o *existencia*. Reconozco, desde luego, que los que pretenden tener la facultad de formar ideas generales abstractas hablan como si las tuvieran y esto es, según ellos, la noción más abstracta y general de todas; lo que es para mí totalmente incomprensible. No hay ninguna razón para negar que haya gran variedad de espíritus de diferentes órdenes y capacidad cuyas facultades exceden en mucho, tanto en número como en extensión, a las que el Autor de mi ser me ha dispensado. Y si yo pretendiera determinar con mis pocos, restringidos y estrechos medios [*inlets*] de percepción, qué ideas puede imprimir en ellos el inagotable poder del Espíritu Supremo, sería el colmo de la locura y la presunción. Puesto que puede haber, por todo lo que sé, innumerables clases de ideas o sensaciones, tan diferentes las unas de las otras y de todo lo que he percibido como los colores lo son de los sonidos.[96] Pero, por más que esté dispuesto a admitir la pobreza de mi comprensión en relación con la infinita variedad de espíritus e ideas que puedan existir sospecho, sin embargo, que es una contradicción evidente y un juego de

palabras el que alguien pretenda tener una *noción* de entidad o existencia, separada [*abstracted*] del *espíritu* y de la *idea*, del percibir y del ser percibido.

Quedan todavía por considerar las objeciones que puedan hacerse de parte de la religión.

82. Alguien pensará, sin duda, que a pesar de que los argumentos provistos por la razón en favor de la existencia real de los cuerpos nunca llegan a una demostración, las Sagradas Escrituras son, sin embargo, tan claras sobre el asunto que convencerían a cualquier buen cristiano que los cuerpos realmente existen y que son algo más que meras ideas: pues hay en las Escrituras numerosos relatos de hechos que evidentemente suponen la realidad de la piedra y la madera, las montañas y los ríos, y las ciudades y los cuerpos humanos.[97] A lo cual contesto que ninguna clase de escritos, sagrados o profanos, que usen ésas y otras palabras semejantes en la acepción vulgar, o de manera que tengan sentido en sí mismas, corren ningún peligro de que su veracidad sea puesta en duda por nuestra doctrina. Ya se ha demostrado como concordante con nuestros principios que todas esas cosas existen realmente; que hay cuerpos y aun substancias corporales cuando se las toma en sentido vulgar, y la diferencia entre *cosas* e *ideas*, *realidades* y *quimeras*, ha sido claramente explicada (véase sec. 20, 30, 33, 36, etcétera). Y no creo que se mencione en parte alguna de las Escrituras lo que los filósofos denominan *materia* o existencia de los objetos fuera de la mente.[98]

83. Además haya o no cosas externas,[99] todo el mundo está de acuerdo en que el uso correcto de las palabras

es designar *nuestras* concepciones, o las cosas solamente tal cual las conocemos y percibimos nosotros; de donde surge claramente que en los principios que hemos sentado no hay nada incompatible con el correcto empleo y significado del lenguaje y que el discurso, cualquiera sea su clase, permanece sin alteración hasta tanto sea inteligible. Pero todo esto parece tan manifiesto, por lo que se ha expuesto extensamente en las premisas, que es innecesario insistir más sobre ello.

84. Pero se sostendrá que al menos los milagros perderían mucho de su sentido e importancia debido a nuestros principios. ¿Qué hemos de pensar de la vara de Moisés? ¿Fue *realmente* convertida en serpiente, o hubo solamente un cambio de ideas en la mente de los espectadores? Y, ¿puede suponerse que nuestro salvador en la boda de Caná no hizo más que influir sobre la vista, olfato y gusto de los convidados para crear en ellos solamente la apariencia o idea de vino? Lo mismo puede decirse de todos los otros milagros, los cuales, como consecuencia de los principios anteriores, habrán de considerarse como otros tantos engaños o ilusiones de la fantasía. A lo cual replico que la vara fue convertida en una serpiente real y el agua en vino de verdad. Se verá en las secciones 34 y 35 que esto no contradice en absoluto lo que he dicho en otra parte. Pero este asunto de lo *real* y lo *imaginario* ha sido ya tan clara y largamente explicado, y nos hemos referido a él con tanta frecuencia, y las dificultades han sido tan fácilmente resueltas por lo que hemos dicho anteriormente, que sería agraviante para el entendimiento del lector volver sobre su explicación en este

lugar. Observaré solamente que si todos los que estaban presentes en la mesa vieron, olieron, gustaron y bebieron vino y notaron sus efectos, no hay para mí la menor duda de su realidad.[100]

De manera que en el fondo, la dificultad de los milagros reales no choca con nuestros principios, sino con los admitidos generalmente, y más bien está en favor que en contra de lo que se ha dicho.[101]

85. Terminadas las objeciones, que hemos tratado de presentar con la mayor claridad y a las que hemos dado toda la fuerza y todo el peso que pudimos, pasaremos ahora a examinar nuestra tesis a la luz de sus consecuencias.[102] Algunas de ellas se advierten a primera vista. Varios problemas, por ejemplo, difíciles y oscuros, en los cuales se ha malgastado mucha especulación, aparecen ahora completamente excluidos de la filosofía. Si la substancia corporal puede pensar; si la materia puede ser infinitamente divisible, y de qué modo actúa sobre el espíritu. Éstas y otras investigaciones semejantes dieron mucho que hacer a los filósofos de todos los tiempos. Pero como dependen de la existencia de la materia ya no caben dentro de nuestros principios. Hay además muchas otras ventajas atinentes a la religión y a las ciencias que pueden ser fácilmente deducidas, por cualquier persona, de lo que dejamos establecido. Pero esto aparecerá con mayor claridad más adelante.

86.[103] De los principios que hemos establecido se desprende que el conocimiento humano puede naturalmente reducirse a dos grupos: las *ideas* y los *espíritus*. Trataremos de cada uno de ellos en su orden.

Primero lo referente a las *ideas* o *cosas no pensantes*. Nuestro conocimiento de ellas ha sido muy oscurecido y confundido, y se nos llevó a peligrosos errores por suponer una doble existencia de los objetos de los sentidos: una *inteligible*, o en la mente, y otra *real*, fuera de la mente. Por lo tanto, se supone que las cosas no pensantes tienen una subsistencia natural propia, distinta del ser percibido por los espíritus. Esto, que si no me equivoco, se ha demostrado que es una noción absurda y sin fundamento es la raíz misma del escepticismo; pues en tanto los hombres pensaron que las cosas reales subsistían fuera de la mente y que su conocimiento sólo era *real* cuando se *conformaba con las cosas reales*, se entiende que no hayan podido estar seguros de que tuvieran ningún conocimiento real. Pues, ¿cómo puede saberse que las cosas percibidas se conforman con las que no son percibidas o existen fuera de la mente?

87. El color, la figura, el movimiento, la extensión, etcétera, son perfectamente conocidos, si se los considera solamente como *sensaciones* de la mente; pues no hay nada en ellos que no sea percibido. Pero si se los considera como notas o imágenes referidas a *cosas* o *arquetipos existentes* fuera de la mente caeríamos entonces en el escepticismo. Vemos sólo las apariencias y no las cualidades reales de las cosas. No nos es posible conocer lo que la extensión, la figura o el movimiento puedan ser real y absolutamente, o en sí mismos, sino tan sólo la proporción o relación en que están con nuestros sentidos. Las cosas permanecen inalterables y nuestras ideas varían; y está fuera de nuestro alcance determinar cuál de ellas, o aun si

alguna de ellas, representa la cualidad verdadera que realmente existe en la cosa. Así, pues, por lo que sabemos, todo lo que vemos, oímos y sentimos, puede solamente ser un fantasma o una quimera, y no estar en modo alguno de acuerdo con las cosas reales que existen en la *rerum natura*. Todo este escepticismo[104] surge de la suposición de que hay una diferencia entre las *cosas* y las *ideas*, y de que aquéllas tienen subsistencia fuera de la mente, o sin ser percibidas. Sería fácil extenderse sobre este asunto y demostrar cómo todos los argumentos aducidos por los escépticos de todos los tiempos se basan en la suposición de objetos externos.[105]

88. Hasta tanto atribuyamos a las cosas no pensantes una existencia real distinta de su ser percibidas, resulta imposible conocer no sólo la naturaleza de cualquier ser real no pensante, sino aun saber con certeza que existe. A esto se debe que veamos filósofos que desconfían de sus sentidos y dudan de la existencia del cielo y la tierra, y de todo lo que ven o sienten, y aun de sus propios cuerpos. Y después de tanto trabajo y esfuerzo de pensamiento se ven obligados a confesar que no podemos llegar a ningún conocimiento demostrativo o evidente en sí mismo de la existencia de las cosas sensibles. Pero todo este dudar, que tanto espanta y confunde a la mente y vuelve ridícula la filosofía a los ojos del mundo, se desvanece si asignamos un significado a nuestras palabras y no jugamos con los términos *absoluto, externo, existe* y otros semejantes, que no sabemos lo que significan. De la misma manera puedo dudar de mi propio ser, o del ser de aquellas cosas que actualmente percibo por los senti-

dos, pues es una contradicción evidente que un objeto sensible sea inmediatamente percibido por la vista o el tacto y al mismo tiempo no tenga existencia en la naturaleza, puesto que la existencia misma de un ser no pensante consiste en *ser percibido*.

89. Nada parece ser de mayor importancia para erigir un sistema firme de conocimiento sano y real que pueda resistir a los asaltos del escepticismo que establecer, al comienzo, una explicación clara [*distinct*] de lo *que se entiende por cosa, realidad, existencia*. Pues disputaremos en vano acerca de la existencia real de las cosas, o en vano pretenderemos tener algún conocimiento de las mismas, hasta tanto no hayamos fijado el significado de esas palabras. *Cosa* o *ser* es el nombre más general de todos: comprende dos especies completamente distintas y heterogéneas, y que no tienen nada en común más que el nombre, a saber, los *espíritus* y las *ideas*. Aquéllos son substancias activas, indivisibles;[106] éstas son inertes, cambiantes,[107] o seres dependientes; y no subsisten por sí mismas sino que están sostenidas o existen en mentes o substancias espirituales.[108]

Comprendemos nuestra propia existencia por sentimiento [*feeling*] interior o reflexión,[109] y la de los otros espíritus por la razón.[110] Podemos decir que tenemos algún conocimiento o *noción* de nuestra propia mente, de los espíritus y de los seres activos; mientras que, en sentido estricto, no tenemos *ideas*. De la misma manera conocemos y tenemos una *noción* de las relaciones entre las cosas o ideas; dichas relaciones son distintas de las ideas o cosas relacionadas, tanto más cuanto que estas últimas pueden ser percibidas por nosotros sin percibir las primeras. A mí me parece que las *ideas*, los *espíritus* y las *relaciones*, son todos, en sus clases respectivas, el objeto del conocimiento humano y el sujeto de nuestro discurso; y que el término idea se extendería impropiamente si se le hiciera significar *todo* lo que sabemos o de lo cual tenemos alguna noción.[111]

90. No negamos que las ideas impresas en los sentidos son cosas *reales* o existen realmente, pero negamos que *puedan* subsistir fuera de las mentes que las perciben, o que sean reflejos de cualquier arquetipo que exista fuera de la mente, puesto que la existencia misma de una sensación o de una idea consiste en ser percibida, y una idea no puede parecerse a nada más que a una idea. Por otra parte, las cosas percibidas por los sentidos pueden llamarse *externas* con respecto a su origen y también porque no son engendradas desde dentro de la mente misma, sino impresas por un espíritu distinto de aquel que las percibe. De igual modo puede decirse que los objetos sensibles "existen fuera de la mente" en otro sentido, y es cuando existen en alguna otra mente. Así, cuando cierro los ojos, las cosas que vi pueden seguir existiendo pero deberá ser en otra mente.

91. Sería un error suponer que lo que aquí se afirma contradice en lo más mínimo la realidad de las cosas. Se admite, según los principios corrientes, que la extensión, el movimiento y, en una palabra, todas las cualidades sensibles tienen necesidad de un sostén, pues no pueden subsistir por sí mismas. Pero se reconoce que los objetos percibidos por los sentidos no son más que combinacio-

nes de esas cualidades, Y por lo tanto no pueden subsistir por sí mismos. Hasta aquí todos están de acuerdo. De modo que al negar a las cosas percibidas por los sentidos una existencia independiente de una substancia o sostén en qué existir, no quitamos nada a la opinión admitida de su *realidad* y no somos culpables de ninguna innovación en ese sentido. Toda la diferencia está en que, en nuestra opinión, los seres no pensantes percibidos por los sentidos no tienen existencia distinta del ser percibidos, y por lo tanto no pueden existir en ninguna otra substancia sino en aquellas substancias inextensas e indivisibles, o *espíritus*, que actúan y piensan, y los perciben. Mientras que los filósofos sostienen generalmente que las cualidades sensibles existen en una substancia inerte, extensa, no percipiente que llaman *materia*, a la cual atribuyen una subsistencia natural, exterior a todos los seres pensantes, o distinta de su ser percibido por una mente cualquiera, aun por la mente eterna del Creador; en la cual sólo suponen ideas de substancias corpóreas creadas por Él, si en realidad admitieran que fueron *creadas*.

92. Así como, según lo hemos demostrado, la doctrina de la materia o substancia corporal ha sido el principal pilar y soporte del escepticismo, del mismo modo ha servido de sostén a las construcciones impías del ateísmo y la irreligión. Y tanta fue la dificultad en concebir la materia como surgida de la nada, que los más celebrados entre los antiguos filósofos, aun aquellos que sostuvieron la existencia de un Dios, pensaron que la materia no fue creada y es co-eterna con Él. Sería innecesario señalar cuán amigos han sido de la *substancia material* los ateos de

todos los tiempos. Todos sus monstruosos sistemas dependen tan visible y necesariamente de ella que, una vez que se quita esa piedra angular, todo el edificio no puede menos que venirse abajo; de modo pues que ya no vale la pena hacer consideración especial de los absurdos que contienen cada una de las desdichadas sectas de los ateos.

93. Es cosa muy natural que las personas impías y profanas admitan gustosas los sistemas que favorezcan sus inclinaciones mofándose de la *substancia inmaterial* y suponiendo que el alma sea divisible y esté sujeta a corrupción como el cuerpo; lo cual excluye toda libertad, inteligencia y designio en la formación de las cosas. Y que en lugar de aquéllas imaginen, como raíz de todos los seres, una substancia existente por sí misma, torpe y no pensante; y que escuchen a quienes niegan que haya una Providencia o inspección de una Mente Superior sobre los asuntos del mundo, y atribuyan toda la serie de sucesos a ciega casualidad o a necesidad fatal, originadas por el impulso de un cuerpo sobre otro. Y, por otra parte, cuando personas de mejores principios observan que los enemigos de la religión hacen tanto hincapié sobre la *materia no pensante*, y que todos usan tanta industria y artificio para reducir todo a ella, creo que deberían alegrarse de verlos desprovistos de su gran apoyo, y desalojados de la única fortaleza sin la cual todos los epicúreos, hobbistas, etcétera, no tendrían ni siquiera la sombra de un argumento y el triunfo sobre ellos se obtendría en la forma más fácil y menos costosa del mundo.

94. La existencia de la materia, o de cuerpos no percibidos, no ha sido solamente el principal sostén de los ate-

os y fatalistas, sino que ha servido también de apoyo a la idolatría en todas sus diversas formas. Si los hombres consideraran solamente que el sol, la luna y las estrellas, y todos los demás objetos de los sentidos, no son más que otras tantas sensaciones en sus mentes, que no tienen más existencia que ser percibidos, sin duda nunca caerían de rodillas y adorarían a sus *propias ideas*, sino que más bien dirigirían sus homenajes a la Eterna Mente Invisible que produce y sostiene a todas las cosas.

95. El mismo principio absurdo, al mezclarse con artículos de nuestra fe, ha ocasionado no pocas dificultades a los cristianos. Acerca de la resurrección, por ejemplo, ¿cuántas dudas y objeciones no han sido levantadas por los socinianos[112] y otros? Pero, ¿no dependen las más plausibles de ellas de la suposición de que un cuerpo se denomina lo *mismo*, no con respecto a su forma o a lo que es percibido por los sentidos, sino con respecto a la substancia material, que permanece inalterable bajo las diversas formas? Quitad la *substancia material*, acerca de cuya identidad surge toda la disputa, y llamad *cuerpo* a lo que toda persona sencilla y corriente expresa con esa palabra, es decir, lo que es inmediatamente visto y sentido y es tan sólo una combinación de cualidades sensibles o ideas, y las objeciones más firmes se reducirán a nada.

96. Una vez separada de la naturaleza, la materia[113] arrastra consigo tantas nociones escépticas e impías, tan crecido número de disputas y de preguntas embarazosas, que han sido otras tantas espinas en los flancos de teólogos y filósofos, y ha desempeñado un papel tan poco útil para la humanidad que si los argumentos que hemos ex-

puesto en su contra no equivalen a una demostración, como a mí evidentemente me parece, estoy seguro de que todos los amigos del saber, de la paz y de la religión tienen razón al desear que equivalieran.

97. Además de la existencia externa de los objetos de la percepción, otra gran fuente de errores y dificultades para el conocimiento ideal es la doctrina de las *ideas abstractas*, tal como ha sido formulada en la introducción. Las cosas más sencillas del mundo, aquellas con las cuales estamos más íntimamente relacionados y que conocemos muy bien, aparecen extrañamente difíciles e incomprensibles, si se las considera en forma abstracta. El tiempo, el espacio [*place*], el movimiento, tomados en particular o concreto, son lo que todo el mundo conoce; pero al pasar por las manos de los metafísicos se tornan demasiado abstractos y sutiles para ser apresados por personas de inteligencia común. Decid a vuestro sirviente que vaya a encontraros a tal *tiempo* en tal *lugar* y nunca se detendrá a deliberar sobre el significado de esas palabras. No encontrará la menor dificultad en concebir aquel tiempo o lugar particulares, ni tampoco el movimiento por el cual habrá de trasladarse allí. Pero si se toma al *tiempo* meramente como la continuación de la existencia o duración en abstracto, separado de todas las acciones e ideas que forman la variedad de un día, entonces acaso se ponga en apuros hasta a un filósofo para comprenderlo.

98. Por mi parte, siempre que intento formarme una idea simple del *tiempo*, abstraída de la sucesión de ideas de mi mente que fluye uniformemente y de la que participan todos los seres, me pierdo y extravío en dificultades

insalvables. No tengo ninguna noción de ello; oigo solamente decir a los otros que es infinitamente divisible y hablan de él en tal forma que me lleva a abrigar curiosos pensamientos acerca de mi existencia; puesto que aquella doctrina nos pone frente a la absoluta necesidad de pensar, o bien que se pasan innumerables edades sin un pensamiento o bien que es aniquilado en cada momento de su vida; y ambas cosas parecen igualmente absurdas. Por lo tanto, si el tiempo no es nada, separado de la sucesión de ideas de nuestra mente, se desprende que la duración de todo espíritu finito debe ser estimada por el número de ideas y acciones que se suceden unas a otras en el mismo espíritu o mente. Es entonces una conclusión evidente que el alma siempre piensa. Y, en verdad, quien tratara de dividirla en sus pensamientos o abstraer la *existencia* de un espíritu de su *pensar* [*cogitation*],[114] encontrará, según creo, que no es tarea fácil.

99. De la misma manera, cuando pretendemos abstraer la *extensión* y el *movimiento* de todas las otras cualidades y estudiarlos en sí mismos, pronto los perdemos de vista e incurrimos en grandes extravagancias.[115] Todo esto depende de una doble abstracción: se supone primero, que la extensión, por ejemplo, puede ser abstraída de todas las otras cualidades sensibles; y, en segundo lugar, que la entidad de la extensión puede ser abstraída de su ser percibido. Pero cualquiera que reflexionara y se preocupara de entender lo que dice, reconocería, si no me equivoco, que todas las cualidades sensibles son igualmente *sensaciones*, e igualmente *reales*; que donde está la extensión está también el color, es decir, en su mente; y

que sus arquetipos pueden existir sólo en alguna otra *mente*, y que los objetos de los sentidos,[116] no son más que aquellas sensaciones combinadas, mezcladas (si así puede decirse), amasadas entre sí; ninguna de las cuales puede suponerse que exista sin ser percibida.[117]

100. Lo que es para un hombre ser feliz o para un objeto ser bueno, todo el mundo cree saberlo. Pero formarse una idea abstracta de la felicidad prescindiendo de todo placer particular, o de la bondad prescindiendo de todo lo que es bueno, es algo a lo cual muy pocos pueden aspirar. De la misma manera, un hombre puede ser justo y virtuoso sin tener ideas precisas acerca de la justicia y la virtud. La opinión de que éstas y otras palabras semejantes expresan nociones generales, abstraídas de toda persona o acción particular, parece haber vuelto a la moralidad más difícil, y al estudio de la misma de menos provecho para la humanidad.[118] Y, en efecto, la doctrina de la *abstracción* ha contribuido en medida no pequeña a dañar las partes más útiles del conocimiento.

101. Las dos grandes provincias de la ciencia especulativa referentes a las ideas recibidas por los sentidos y a sus relaciones, son la filosofía natural y las matemáticas. Haré algunas observaciones acerca de cada una de ellas.

En primer lugar diré algo sobre la filosofía natural, que es donde triunfan los escépticos. Todo el cúmulo de argumentos que traen para rebajar nuestras facultades y hacer que la humanidad parezca ignorante y abyecta, deriva principalmente de la afirmación de que vivimos bajo invencible ceguera en lo tocante a la verdadera y real naturaleza de las cosas. Exageran esa afirmación y se complacen en extenderse sobre ella. Nuestros sentidos nos engañan miserablemente –dicen– y nos contentamos con el exterior y la apariencia de las cosas. La esencia real, las cualidades internas y la constitución del más ínfimo objeto se ocultan a nuestra vista. Hay algo en cada gota de agua, en cada grano de arena, que está más allá de lo que el entendimiento humano pueda sondear o comprender. Pero, es evidente por lo que se ha dicho, que todas esas quejas no tienen fundamento y que estamos influidos por falsos principios hasta el punto de desconfiar de nuestros sentidos, y de pensar que nada sabemos de aquellas cosas que comprendemos perfectamente.

102. Un gran motivo para considerarnos ignorantes acerca de la naturaleza de las cosas es la opinión corriente de que cada cosa lleva *en sí misma* la causa de sus propiedades, o de que hay en cada objeto una esencia interna que es la fuente de donde surgen sus cualidades discernibles y de la cual dependen. Algunos[119] pretendieron explicar las apariencias por cualidades ocultas, pero al final se convirtieron, en su mayor parte, en causas mecánicas, tales como figura, movimiento, peso, u otras cualidades de partículas insensibles: mientras que, en verdad, no hay otro agente o causa eficiente que el *espíritu*, pues es evidente que el movimiento, lo mismo que todas las otras ideas, es perfectamente inerte. (Véase sec. 25.) Por lo tanto, tratar de explicar la producción de colores y sonidos por la figura, el movimiento, la magnitud, etcétera, es afanarse en vano. Y en realidad vemos que todos los intentos de esa naturaleza no son satisfactorios en absoluto. Lo mismo puede decirse, en general, de aquellos casos en

que una idea o cualidad es considerada como causa de otra. No creo necesario decir cuantas hipótesis y especulaciones son dejadas de lado, ni lo mucho que esta doctrina simplificó el estudio de la naturaleza.

103. El gran principio mecánico que ahora está en boga es el de la *atracción*. Que una piedra cae hacia la tierra o el mar se levanta hacia la luna puede, para algunos, parecer suficientemente explicado por aquélla. Pero, ¿cuánto se nos aclara si se nos dice que ella se debe a la atracción? ¿Es que esa palabra significa el modo de la tendencia, y que esto se produce por el mutuo atraerse de los cuerpos, en vez de ser impelidos o empujados el uno hacia el otro? Pero nada se determina acerca de la manera o acción y, por lo que sabemos, podría llamarse *impulso* o *proyección* [*protrusion*] con tanta propiedad como *atracción*. Además, vemos que las partes del acero se unen firmemente entre sí, y eso también se atribuye a la atracción, pero en éste, como en los otros casos, no veo que se signifique nada más que el efecto mismo; pues el modo de la acción por la cual se produce, o la causa que la produce, están lejos de ser explicadas.

104. En realidad, si observamos los distintos fenómenos y los comparamos, podremos notar cierto parecido y conformidad entre ellos. Por ejemplo, en el caer de una piedra hacia la tierra, en el alzarse del mar hacia la luna, en la cohesión y en la cristalización, hay algo que es semejante, es decir, una unión o mutuo acercamiento de cuerpos. De manera que cada uno de estos fenómenos, u otros semejantes, pueden no parecer extraños y sorprendentes para quien haya observado con atención y compa-

rado los efectos de la naturaleza. Pues sólo se considera así lo que está fuera de lo común, o lo que es por sí mismo, y está fuera del curso ordinario de nuestra observación. No se considera extraño que los cuerpos tiendan hacia el centro de la tierra, porque es lo que percibimos en cada momento de nuestra vida. Pero que tengan gravitación parecida hacia el centro de la luna, puede parecer raro e inexplicable para muchos porque sólo se da en las mareas. Pero un filósofo, cuyos pensamientos encierran un campo más amplio de la naturaleza, y que ha observado una cierta similitud de apariencias, tanto en la tierra como en el cielo, que sostiene que innumerables cuerpos tienen tendencia mutua el uno hacia el otro, que él designa con el nombre general de *atracción*, piensa que todo lo que puede reducirse a ella está suficientemente explicado. Y así, explica las marcas por la atracción del globo terráqueo hacia la luna; lo cual no le parece extraño ni anormal sino sólo un ejemplo particular de una regla general o ley de la naturaleza.

105. Por lo tanto, si nos fijáramos en la diferencia que hay entre los filósofos de la naturaleza y los demás hombres, en lo referente a su conocimiento de los fenómenos, veríamos que consiste, no en un conocimiento más exacto de la causa eficiente que los produce —pues ésa no puede ser otra cosa que la *voluntad de un espíritu*— sino tan sólo en una mayor amplitud de comprensión, por la cual se descubren analogías, armonías y concordancias en las operaciones, es decir, se reducen a reglas generales (véase sec. 62), las que, fundadas sobre la analogía y la uniformidad observadas en la producción de efectos naturales, son

las más agradables a la mente y las que ella más busca, pues extienden nuestra vista más allá de lo que está presente y próximo a nosotros, y nos capacitan para hacer muy probables conjeturas acerca de las cosas que pudieran haber ocurrido a muy grandes distancias de tiempo y lugar, así como también para predecir las cosas que vendrán; y la mente se complace en esta clase de esfuerzo hacia la omnisciencia.[120]

106. Pero debemos proceder cautelosamente en esas cosas, pues tenemos tendencia a dar demasiada importancia a las analogías y fomentar, en perjuicio de la verdad, el deseo que tiene la mente de aumentar el conocimiento reduciendo todo a principios [*theorems*] generales. Por ejemplo, debido a que la gravitación o atracción mutua aparece en muchos casos, hay quienes inmediatamente la consideran como *universal*; y sostienen que el atraer, y ser atraído por otro cuerpo, es una cualidad esencial inherente a toda clase de cuerpos. Mientras que es evidente que las estrellas fijas no tienen tal tendencia la una hacia la otra, y la gravitación está tan lejos de ser *esencial* a los cuerpos, que en algunos casos parece mostrarse un principio contrario; tal como en el crecimiento perpendicular de las plantas y en la elasticidad del aire. Nada hay de necesario o esencial en este caso sino que todo depende completamente de la voluntad del Espíritu Gobernante,[121] el cual es causa de que ciertos cuerpos se adhieran o tiendan el uno hacia el otro de acuerdo a las diversas leyes, al mismo tiempo que Él mantiene otros a distancia fija; y da a algunos la tendencia completamente opuesta de alejarse, según Él lo crea conveniente.

107. Después de lo que se ha sostenido creo que podemos sentar las siguientes conclusiones. Primero: es evidente que los filósofos se engañan cuando buscan cualquier causa natural eficiente distinta de una *mente* o *espíritu*. Segundo: considerando que la creación entera es la obra de un *Agente bueno y sabio*, parecería que los filósofos debieran dirigir sus pensamientos (contrariamente a lo que algunos sostienen)[122] hacia las causas finales de las cosas.[123] Y debo confesar que no veo razón por qué el señalar los fines diversos a los cuales se adaptan las cosas naturales, y para los cuales fueron originariamente concebidas con indecible sabiduría, no puede considerarse una buena manera de explicarlas, y el hacerlo una cosa digna de un filósofo. Tercero: de las premisas sentadas no puede deducirse ninguna razón por la cual la historia de la naturaleza no haya de estudiarse todavía y no se hagan observaciones y experimentos; los cuales si bien son útiles al género humano y nos permiten formular cualquier conclusión general, no son el resultado de hábitos o relaciones inmutables de las cosas, sino de la bondad y benevolencia que Dios muestra hacia los hombres en el gobierno del mundo. (Véase secs. 30 y 31.) Cuarto: por una observación diligente de los fenómenos que tenemos a la vista podemos descubrir las leyes generales de la naturaleza y deducir de ellas otros fenómenos. No digo *demostrar*, pues todas las deducciones de esa clase dependen de la suposición de que el Autor de la Naturaleza siempre procede uniformemente y en observancia constante de aquellas reglas que nosotros tomamos por principios y que evidentemente no podemos conocer.

108.[124] Los que infieren[125] reglas generales de los fenómenos y después derivan[126] los fenómenos de esas reglas, parecen examinar signos más bien que causas.[127] Un hombre puede entender muy bien los signos naturales sin conocer su analogía, o sin poder decir por qué regla una cosa es de una u otra manera, y cómo es muy posible escribir impropiamente debido a una observancia demasiado estricta de las reglas generales de la gramática, así, al hacer deducciones de las leyes generales de la naturaleza, no es imposible que pudiéramos extender[128] demasiado lejos la analogía y caer, de ese modo, en el error.

109.[129] Así como al leer otros libros un hombre sabio preferirá dirigir su pensamiento al sentido y aplicarlo a algo útil, más bien que dedicarse a hacer observaciones gramaticales sobre el lenguaje, de la misma manera al recorrer el libro de la naturaleza creo que estaría por debajo de la dignidad de la mente el pretender exactitud, reduciendo cada fenómeno particular a reglas generales, o mostrando cómo se desprende de ellas. Debemos proponernos fines más nobles, tales como recrear y exaltar el espíritu con el espectáculo de la belleza, orden, extensión y variedad de las cosas naturales; y desde ahí, por inferencias apropiadas, ampliar nuestras nociones acerca de la grandeza, sabiduría y beneficencia del Creador. Y, por último, hacer hasta donde podamos que las diversas partes de la creación sirvan a los fines para los cuales fueron designados, es decir, para la gloria de Dios y para el sustento y comodidad nuestros y de nuestros semejantes.

110. Se reconocerá fácilmente que la llave de esa analogía o ciencia natural es cierto célebre Tratado de *Mecá-*

nica.[130] Al principio de dicho tratado, justamente admirado, el tiempo, el espacio y el movimiento se distinguen en *absoluto y relativo, verdadero y aparente, matemático y común* [*vulgar*], distinción que, como lo explica extensamente el autor, supone que esas cantidades tienen existencia fuera de la mente, y que son ordinariamente concebidas en relación a las cosas sensibles con las cuales, sin embargo, no tienen en su propia naturaleza ninguna relación.

111. En lo que se refiere al *tiempo*, tal como se toma allí en un sentido absoluto o abstracto para la duración o conservación de la existencia de las cosas, nada tengo que agregar que a él se refiera después de lo que ya se ha dicho sobre el asunto en las secs. 97 y 98. En cuanto a lo demás, dicho celebrado autor sostiene que hay un *espacio absoluto*, el cual, por ser imperceptible a los sentidos, permanece similar a sí mismo e inmóvil; y que el espacio relativo es la medida de aquél y que, por ser movible y definido por su situación con respecto a los cuerpos sensibles, se toma generalmente por espacio inmóvil. Define el *lugar* [*place*] como aquella parte del espacio ocupada por algún cuerpo; y según sea el espacio [*space*] absoluto o relativo, así también es el lugar. Se llama *movimiento absoluto* a la traslación de un cuerpo de un lugar absoluto a otro lugar absoluto, de la misma manera que el movimiento relativo es desde un lugar relativo a otro. Y debido a que las partes del espacio no caen bajo nuestros sentidos, estamos obligados a usar su medida sensible en su lugar, y así debemos definir el lugar y el movimiento con respecto a cuerpos que consideramos inmóviles. Pero se dice que en asuntos filosófi-

cos debemos hacer abstracción de nuestros sentidos, pues puede ser que ninguno de los cuerpos que parezca estar quieto lo esté en realidad y una misma cosa que se mueva relativamente podría, en verdad, estar en reposo, como también, uno y mismo cuerpo puede estar en reposo y movimiento relativo, y aun estar movido con movimientos relativos contrarios según se defina su lugar de diverso modo. Todas estas ambigüedades se dan en los movimientos aparentes, pero no en los verdaderos o absolutos los cuales, por lo tanto, son los únicos que deberán considerarse en filosofía, y los verdaderos, se agrega, se distinguen de los movimientos aparentes o relativos por las siguientes propiedades: Primero, en el movimiento verdadero o absoluto las partes que mantienen su posición con respecto al todo participan del movimiento del todo. Segundo, si se mueve el lugar, lo que está cerca de allí también se mueve; por lo tanto, un cuerpo que se mueve en un lugar que está en movimiento comparte el movimiento de su lugar. Tercero, el movimiento verdadero nunca se engendra o cambia de otra manera que por fuerza impresa al cuerpo mismo. Cuarto, el movimiento verdadero siempre cambia por fuerza impresa al cuerpo movido. Quinto, en el movimiento circular meramente relativo no hay fuerza centrífuga la que, sin embargo, en el verdadero o absoluto es proporcional a la cantidad de movimiento.

112. Pero, a pesar de lo que se ha dicho, debo confesar que no creo que haya otro movimiento que el *relativo*; de manera que para concebir el movimiento deberán concebirse por lo menos dos cuerpos cuya posición y distancia varíen en relación del uno con el otro. Por lo tan-

to, si hubiera un solo cuerpo no podría moverse. Esto parece evidente puesto que la idea que tengo de movimiento incluye necesariamente la relación.[131]

113. Pero, aunque para todo movimiento sea necesario concebir más de un cuerpo, puede ocurrir que uno sólo sea movido, es decir, aquél al cual se imprima la fuerza que produce el cambio de distancia o situación de los cuerpos. Pues si alguien definiera el movimiento relativo de manera que llamase cuerpo *movido* al que cambia su distancia con respecto a otro cuerpo, ya sea que la fuerza o acción[132] que produce ese cambie se imprima en él o no, como el movimiento relativo es el percibido por los sentidos y considerado en las actividades ordinarias de la vida, se desprende que cualquier hombre de sentido común sabe lo que es, tanto como el mejor filósofo. Ahora bien, pregunto a cualquiera si, de acuerdo a su sentido del movimiento, puede decirse que las piedras que pasa en la calle mientras camina se *mueven* porque cambian de distancia con relación a sus pies. Creo que, aunque el movimiento incluye la relación de una cosa con otra, no es necesario que se considere cada término de la relación en movimiento. Así como un hombre puede pensar en una cosa que a su vez no piensa, de la misma manera un cuerpo puede ser acelerado o retirado de otro cuerpo que no esté en movimiento.[133]

114. Como se define el lugar [*place*] de muchas maneras, varía el movimiento que se relaciona a él. Un hombre que está en un barco puede estar quieto en relación a la tierra; o puede moverse hacia el este con respecto a ésta, y hacia el oeste con respecto a aquél. En los asuntos co-

rrientes de la vida, los hombres nunca van más allá de la tierra para definir el lugar de algún cuerpo, y lo que está quieto con respecto a *aquélla* se considera que lo está *absolutamente*. Pero los filósofos, que tienen mayor amplitud de pensamiento y nociones más exactas acerca del sistema de las cosas, descubren que aun la tierra misma se mueve. Por lo tanto, para fijar sus nociones, parecen concebir el mundo corpóreo como finito y su firme pared exterior o corteza como el lugar por el cual estiman los movimientos verdaderos. Si sondeáramos nuestras propias concepciones, creo que encontraríamos que todo el movimiento absoluto, del cual pudiéramos formarnos una idea, no sería en el fondo más que el movimiento relativo así definido. Pues, como ya se ha observado, el movimiento absoluto, excluido de *toda* relación externa es incomprensible; y, si no me equivoco, se encontrará que todas las propiedades, causas y efectos ya mencionados, atribuidos al movimiento absoluto, también convienen a esta clase de movimiento relativo. Y en cuanto a lo que se dice de la fuerza centrífuga, esto es, que no pertenece al movimiento relativo circular, no veo que resulte del experimento que se emplea para probarlo. Véase la *Philosophiae Naturalis Principia Mathematica, Schol. Def. VIII*, de Newton. Pues creo que el agua del recipiente no tiene ningún movimiento en el momento en que se dice que tiene movimiento circular relativo, como se desprende claramente de la sección anterior.

115. Pues, para decir que un cuerpo se ha *movido* se requiere, primero, que cambie su distancia o situación con respecto a otro cuerpo; y segundo, que se le aplique

la fuerza que ocasiona ese movimiento. Si falta alguna de estas dos cosas no creo que, de acuerdo al sentido del género humano o a la propiedad del lenguaje, pueda decirse que un cuerpo esté en movimiento. Admito, desde luego, que es posible pensar que un cuerpo, al cual vemos cambiar su distancia con respecto a otro, se mueva aunque no se le aplique[134] ninguna fuerza (en cuyo caso habría movimiento aparente); pero entonces es porque imaginamos que la fuerza que produce el cambio de distancia ha sido aplicada o[135] impresa al cuerpo que concebimos en movimiento. Lo cual muestra, sin duda, que somos capaces de equivocarnos y creer en movimiento de una cosa que no lo está. Y eso es todo.[136]

116. De lo que se ha dicho se desprende que la consideración filosófica del movimiento no implica la existencia de un *espacio absoluto*, distinto del percibido por los sentidos y que está en relación con los cuerpos; que no puede existir fuera de la mente surge con claridad de los mismos principios que demuestran lo propio en lo referente a los otros objetos de los sentidos. Y si investigáramos escrupulosamente encontraríamos, tal vez, que ni siquiera podríamos formarnos una idea del *espacio puro excluido de todos los cuerpos*. Debo confesar que esto parece imposible[137] por ser una idea demasiado abstracta. Cuando provoco un movimiento de alguna parte de mi cuerpo y éste se realiza libremente o sin resistencia, digo que hay *espacio*. Pero si encuentro una resistencia digo que hay un cuerpo, y que el espacio es más o menos *puro* según sea mayor o menor la resistencia. Así cuando hablo de espacio puro o vacío no habrá que suponer que la pa-

labra *espacio* representa una idea distinta del cuerpo y del movimiento, o es concebible sin ellos, aunque tenemos tendencia a creer que cada nombre sustantivo expresa una idea distinta que puede separarse de todas las otras, lo cual ha ocasionado infinitos errores. Por lo tanto, si suponemos que todo el mundo se aniquilara, con excepción de mi propio cuerpo, diría que aun existe el *espacio puro*; con lo cual no se quiere significar otra cosa que yo pueda concebir como posible que los miembros de mi cuerpo puedan moverse en todas direcciones sin la menor resistencia; pero si aquél también fuera aniquilado no podría haber movimiento, y por lo tanto no habría espacio. Algunos quizá pensarán que el sentido de la vista les da la idea del espacio puro, pero resulta claro, por lo que hemos demostrado en otra parte, que las ideas de espacio y distancia no se obtienen por aquel sentido. Véase el *Ensayo sobre la visión*.

117. Lo que aquí dejamos sentado parecería poner fin a todas las disputas y dificultades que han surgido entre esos entendidos acerca de la naturaleza del *espacio puro*. Pero la ventaja principal que de él surge es que nos vemos librados del peligroso dilema al cual se creían reducidos muchos de los que emplearon su pensamiento sobre aquel asunto, es decir, el creer ya sea que el espacio real es Dios, o que además de Dios hay algo que es eterno, increado, infinito, indivisible, inmutable. Las cuales pueden muy bien considerarse como dos nociones perniciosas y absurdas. Es cierto que no pocos teólogos, [*divines*] así como filósofos de gran nombradía, concluyeron que el espacio debía ser *divino*, debido a las dificultades que

encontraron para concebir sus límites o su aniquilación. Y en los últimos tiempos se han dedicado particularmente a mostrar que los atributos incomunicables de Dios concuerdan con él. Por muy indigna de la naturaleza divina que pueda parecer esta doctrina, confieso que no veo cómo podríamos descartarla mientras aceptemos las opiniones admitidas.[138]

118. Hasta aquí la filosofía natural. Pasemos ahora a hacer algunas investigaciones acerca de aquella otra gran rama del conocimiento especulativo, es decir, las matemáticas.[139] Por muy alabadas que ellas sean por su claridad y seguridad de demostración, las que difícilmente se encuentran en otra parte, no pueden considerarse tampoco completamente libres de equivocaciones si en sus principios se esconde algún error secreto, que es común tanto a los que profesan esas ciencias como al resto de la humanidad. Si bien los matemáticos deducen sus teoremas de algo evidente en alto grado, sus primeros principios están limitados por la consideración de la cantidad. Y no se elevan a ninguna investigación acerca de los axiomas [*maxims*] trascendentales que influyen sobre todas las ciencias particulares; cada parte de las cuales, sin excepción de las matemáticas, participa, por lo tanto, de los errores involucrados en ellas. No negamos que los principios sentados por los matemáticos sean verdaderos, y que las deducciones de esos principios sean claras e incontestables. Pero sostenemos que puede haber ciertos axiomas erróneos de mayor extensión que el objeto de las matemáticas, y por esa razón no son expresamente mencionados aunque sí tácitamente supuestos en todo el desarrollo

de esa ciencia, y que los malos efectos de esos principios secretos y no examinados están difundidos en todas las ramas de la misma. Para decir verdad, sospechamos que los matemáticos no están menos profundamente afectados que los demás hombres por los errores que surgen de la doctrina de las ideas abstractas y de la existencia de objetos fuera de la mente.

119. Se considera que la aritmética tiene como objeto las ideas abstractas de *número*. Entender la propiedad y hábitos mutuos de los mismos supone parte no mezquina de conocimiento especulativo. La opinión acerca de la naturaleza pura e intelectual de los números en abstracto ha hecho que sean estimados por aquellos filósofos que pretenden tener una finura y elevación de pensamiento poco comunes. Han puesto precio a las más insignificantes especulaciones numéricas, que en la práctica son inútiles y sólo sirven de entretenimiento; y en otros tiempos había hasta tal punto infectado la mente de algunos, que soñaron con poderosos *misterios* escondidos en los números e intentaron la explicación de las cosas naturales por medio de ellos. Pero si investigáramos cuidadosamente nuestros propios pensamientos y tuviéramos en cuenta la premisa que hemos sentado, podríamos quizá tener una pobre opinión de aquellos altos vuelos y elevadas abstracciones y considerar todas esas investigaciones acerca de los números como otras tantas *difficiles nugæ*, siempre que no sean útiles en la práctica y favorezcan el bienestar de la vida.

120. Ya hemos considerado la unidad en abstracto en la sección 13; de ella, y de lo que se ha dicho ahí y en la

introducción se desprende claramente que no hay tal idea. Pero puesto que se define al número como un *conjunto de unidades* [*units*] podemos concluir que si no hubiera unidad [*unity*] o lo único [*unit*] en abstracto, no habría ideas de número en abstracto denotadas por nombres y figuras numéricas. Por lo tanto, si se separa las teorías aritméticas de los nombres y las cifras, así como de todo uso y práctica, y de las cosas particulares enumeradas, puede suponerse que no tienen nada como objeto. De este modo podemos advertir que la ciencia de los números está subordinada por entero a la práctica y que se convierte en cuestión vacía e insignificante cuando se la considera asunto de mera especulación.

121. Sin embargo, como hay muchos que, engañados por la plausible apariencia de descubrir verdades abstractas, pierden tiempo en problemas y teoremas aritméticos que no tienen ninguna utilidad, no estaría fuera de propósito que consideráramos y expusiéramos con más amplitud la vanidad de esa pretensión. Y ello aparecerá claramente si consideramos la aritmética en su infancia, y observamos las razones que originariamente llevaron a los hombres al estudio de esa ciencia y a qué fines la dirigieron. Es natural pensar que al principio, para aliviar la memoria y ayudarse en el cálculo, los hombres usaron contadores o escribieron palotes, puntos o cosas parecidas, e hicieron que cada uno de ellos representara una unidad, es decir, alguna cosa de cualquier clase que tuvieran ocasión de contar. Más tarde encontraron la manera más concisa de hacer que un signo ocupara el lugar de varios puntos o palotes. Y, finalmente, se usó la notación de

los árabes o hindúes que permite expresar convenientemente todos los números por la repetición de unos pocos signos o cifras y cambiando el valor de las cifras según el sitio que ocupan. Lo cual parece haberse hecho imitando el lenguaje, de manera que se observa una exacta analogía entre la notación por cifras y los nombres; y las nueve cifras simples corresponden a los nueve primeros nombres numerales y los lugares en los primeros se acomodan a las denominaciones en los últimos. Y de acuerdo a esas condiciones del valor simple y local de las cifras se construyeron métodos para encontrar, según las cifras dadas o símbolos de las partes, qué cifras y cómo debían colocarse para denotar el todo, o *viceversa*. Y al encontrarse las cifras buscadas, y observando siempre la misma regla o analogía, es fácil reducirlas a palabras, y de esa manera el número llega a ser perfectamente conocido. Pues se dice que el número de cualquier cosa particular es conocido cuando se sabe el nombre o cifras (en su debido orden) que, de acuerdo con la analogía existente, les pertenece. Porque, una vez conocidos estos signos, por medio de las operaciones de la aritmética, podemos conocer los signos de cualquier parte de las sumas particulares significadas por ellas; y así, calculando con los signos (debido a la conexión establecida entre ellos y las distintas multitudes de cosas, de las cuales una se toma como unidad), podemos perfectamente bien sumar, dividir y establecer proporciones en las cosas mismas que queremos numerar.

122. En aritmética, por lo tanto, no atendemos a las *cosas*, sino a los *signos*; sin embargo, no nos fijamos en éstos por sí mismos, sino porque nos muestran cómo pro-

ceder con relación a las cosas y cómo disponer acertadamente de ellas. Ahora bien, análogamente a lo que ya hemos observado acerca de las palabras en general (véase la sec. 19 de la introducción), se supone aquí también que las ideas abstractas son expresadas por nombres o caracteres numerales, en tanto no sugieran ideas de cosas particulares a nuestra mente. No entraré ahora en una disertación más detallada sobre este asunto; observaré tan sólo que es evidente, debido a lo que se ha dicho, que aquellas cosas que pasan por verdades abstractas y teoremas referentes a números no están en realidad referidas a objetos distintos de las cosas particulares numerables; con la sola excepción de los nombres y caracteres que originariamente no fueron considerados de otra manera que como signos, es decir, como capaces de representar ajustadamente cualquier cosa particular que los hombres tuvieran necesidad de computar. De donde se sigue que estudiarlos por sí mismos sería tan sabio y tan oportuno como si un hombre que descuidase el uso correcto o la intención original y utilidad del lenguaje, emplease su tiempo en críticas impertinentes sobre las palabras, o en razonamientos y controversias puramente verbales.[140]

123. De los números pasemos a la *extensión*[141] la cual, considerada como relativa,[142] es el objeto de la geometría. La *infinita* divisibilidad de la extensión *finita*, aunque no se haya sentado expresamente como un axioma o como un teorema en los elementos de aquella ciencia, es siempre supuesta a través de la misma, y se considera que tiene una conexión tan inseparable y esencial con los principios y demostraciones de la geometría que los matemáticos

nunca la ponen en duda o hacen la menor cuestión sobre ella. Y como esta noción es la fuente de donde surgen todas esas entretenidas paradojas geométricas que tan directamente repugnan al claro sentido común de la humanidad y que son aceptadas con tantos reparos por una mente aun no corrompida por la erudición, ella es también la razón principal de toda esa refinada y extrema sutileza que hace al estudio de las matemáticas tan difícil y tedioso. Por lo tanto, si podemos mostrar que ninguna extensión *finita* contiene partes innumerables, o es infinitamente divisible, se desprenderá que habremos librado a la ciencia de la geometría de un gran número de dificultades y contradicciones, que siempre han sido consideradas como un reproche a la razón humana, y habremos logrado que el dominio de aquélla sea asunto que cueste mucho menos tiempo y sinsabores que hasta ahora.

124. Toda extensión particular y finita que pueda ser objeto de nuestro pensamiento, es una *idea* que existe sólo en la mente; y por consiguiente debe percibirse cada una de sus partes. Por lo tanto, si no puedo *percibir* innumerables partes en cualquier extensión finita que considere es seguro que no están contenidas en ella. Pero es evidente que no puedo distinguir innumerables partes en cualquier línea, superficie o sólido que pueda percibir por los sentidos o figurarme en la mente; por ese motivo concluyo que no están contenidas en ellos. Que las extensiones que tengo a la vista no son otra cosa que mis propias ideas es algo completamente claro para mí; y no es menos claro que no puedo descomponer ninguna de mis propias ideas en un número infinito de otras ideas, es de-

cir, que ellas no son infinitamente divisibles.[143] Si por *extensión finita* se entiende algo distinto a una idea finita, declaro que no sé lo que es eso y, por consiguiente, no puedo afirmar o negar nada acerca de ello. Pero si los términos *extensión, parte,* etcétera, se toman en sentido concebible, es decir, como *ideas,* entonces afirmar que una cantidad o extensión finita consiste en un número infinito de partes, es contradicción tan manifiesta y evidente que todo el mundo la reconoce a primera vista, y es imposible que obtenga jamás la aprobación de ninguna persona razonable, a menos que se la lleve hacia ella lentamente y por grados, como un gentil[144] convertido hacia la creencia en la transubstanciación. Prejuicios antiguos y bien arraigados se convierten en principios. Y una vez que obtienen la fuerza y el crédito de un *principio,* aquellas proposiciones, lo mismo que todo lo que de ellas se deduce, gozan de una inmunidad que impide examinarlas. Y no hay absurdo, por grande que sea, que de este modo la mente del hombre no esté dispuesta a aceptar [*swallow*].

125. Cualquier persona cuyo entendimiento esté de antemano poseído por la doctrina de las ideas generales abstractas puede ser persuadida, (a pesar de lo que se piense acerca de las ideas de los sentidos) que la *extensión en abstracto* es infinitamente divisible. Y aquél que piense que los objetos de los sentidos existen fuera de la mente, quizá sea llevado a admitir, en virtud de ello,[145] que una línea de una pulgada de largo puede contener partes innumerables realmente existentes aunque demasiado pequeñas para ser discernidas. Estos errores están arraigados

tanto en la mente de los geómetras como en la de los otros hombres y tienen igual influencia en sus razonamientos; y no sería cosa difícil mostrar cómo los argumentos de la geometría empleados para sostener la infinita divisibilidad de la extensión están asentados sobre aquéllos.[146] Por el momento sólo observaremos de dónde proviene que los matemáticos sean tan amigos y sostenedores tan tenaces de esa doctrina.

126. Se ha dicho en otro lugar que los teoremas y demostraciones de la geometría están relacionados con las ideas universales (introducción, sec. 15), donde se explica en qué sentido han de entenderse; es decir, que las líneas y figuras individuales incluidas en el diagrama se supone que representan muchísimas otras de diferentes tamaños, o en otras palabras, el geómetra las considera abstraídas de sus magnitudes; lo cual no implica que él se forme una idea abstracta sino que no le interesa cuál sea la magnitud particular, ya sea grande o pequeña, pues la mira como algo indiferente a la demostración. De donde se sigue que una línea en el diseño, de sólo una pulgada de largo, debe ser tratada como si contuviera diez mil partes, pues se la considera, no en sí misma, sino como universal. Y es universal sólo en su significación, por la cual *representa* innumerables líneas más grandes que sí misma, en la que pueden ser *distinguidas* diez mil o más partes, aunque en *ella* no haya más de una pulgada. De esta manera las propiedades de las líneas significadas son (por medio de una figura corriente) transferidas al signo; y desde allí, a través de un error, supuestas como pertenecientes a ella considerada en su propia naturaleza.

127. Puesto que no hay número de partes tan grande que no sea posible que haya una línea que contenga más, se dice que la línea de una pulgada contiene más partes que cualquier número asignable; lo cual es verdad, no de la pulgada tomada absolutamente, sino sólo de las cosas significadas por ella. Pero los hombres, al no retener aquella distinción en su pensamiento, se deslizan hacia la creencia de que la pequeña línea particular trazada en el papel contiene, en sí misma, partes innumerables. No hay la tal diez milésima parte de una pulgada, pero sí de una milla o del diámetro de la tierra, lo cual puede ser representado por aquella pulgada. Por consiguiente, cuando trazo un triángulo sobre el papel y considero que un lado, no mayor de una pulgada en longitud, por ejemplo, es el radio, puedo considerar a éste dividido en 10.000, 100.000 o más partes. Pues, si bien la diez milésima parte de aquella línea nada vale y puede despreciársela sin peligro de error o inconveniente, sin embargo, como las líneas trazadas son solamente signos que representan cantidades mayores, de las cuales la diez milésima parte puede ser muy considerable, se desprende que para evitar errores notables en la práctica el radio debe considerarse formado por 10.000 o más partes.

128. De lo dicho surge claramente la razón por la cual, para que cualquier teorema pueda tornarse universal en su empleo, es necesario que hablemos de las líneas trazadas en el papel como si contuvieran partes que realmente no contienen. Al hacer lo cual, si examinamos el asunto atentamente, descubriremos quizá que no podemos concebir una pulgada en sí misma consistente o di-

visible en mil partes, sino solamente alguna otra línea que es mucho mayor de una pulgada, y que está representada por ella; y que al decir que una línea es *infinitamente divisible*, debemos referirnos[147] a una línea *infinitamente grande*. Lo señalado aquí parece ser la razón principal que explica por qué se ha considerado necesario en geometría suponer la *infinita* divisibilidad de la *extensión finita*.

129. Podría creerse que los diversos absurdos y contradicciones que surgieron de este falso principio podrían haber sido estimados como otras tantas demostraciones en contra. Pero, no sé por qué lógica, se sostiene que no se han de admitir pruebas *a posteriori* en contra de proposiciones relativas a lo infinito, como si no fuera imposible, aun para una mente infinita, reconciliar contradicciones; o como si cualquier cosa absurda y repugnante pudiera tener una conexión necesaria con la verdad o surgir de ella. Pero cualquiera que examine la debilidad de esta pretensión pensará que fue imaginada a propósito para burlarse de la pereza de la mente que prefiere entregarse a un escepticismo indolente antes que tomarse el trabajo de hacer un examen severo de aquellos principios que siempre tuvo por verdaderos.

130. Últimamente las especulaciones acerca de lo infinito llegaron tan alto, y se convirtieron en tan extrañas nociones, que ocasionaron no pocas objeciones y disputas entre los geómetras de la época presente. Hay algunos de mucha nota que, no contentos con sostener que líneas finitas pueden dividirse en un número infinito de partes, mantienen además que cada uno de esos infinitesimales es, en sí mismo, divisible en una infinidad de otras partes,

o infinitesimales de segundo orden, y así sucesivamente *ad infinitum*. Éstos, como digo, afirman que hay infinitesimales de infinitesimales de infinitesimales, sin llegar nunca al fin. De manera que, según ellos, una pulgada no contiene simplemente un número infinito de partes, sino una infinitud de una infinitud de una infinitud *ad infinitum* de partes. Otros hay que sostienen que todos los órdenes de infinitesimales por debajo del primero no son absolutamente nada, pues piensan con razón que es absurdo imaginar que haya una cantidad positiva o parte de extensión que, aunque multiplicada infinitamente, pueda nunca igualar la menor extensión dada. Y, por otra parte, no parece menos absurdo pensar que el cuadrado, el cubo u otra potencia de una raíz positiva real, sea nada en sí misma, lo cual están obligados a sostener los que mantienen los decimales del primer orden y niegan los de los órdenes subsiguientes.

131. ¿No tenemos, pues, razón para concluir que *ambos* están en error y que no hay, en efecto, tales partes infinitamente pequeñas, o un número infinito de partes contenidas en cualquier cantidad finita? Pero se dirá que si esta doctrina prevalece, la consecuencia será la destrucción de los cimientos mismos de la geometría, y que los grandes hombres que llevaron esta ciencia a tan asombrosa altura estuvieron todo el tiempo construyendo castillos en el aire. A esto puede replicarse que todo lo que en geometría es útil y promueve al bienestar de la vida humana permanece firme y estable también según nuestros principios, y que la ciencia, considerada como práctica, obtendrá más bien ventaja que perjuicio de lo que se ha dicho.

Pero, aclarar esta cuestión[148] acaso sea asunto apropiado para otro lugar.[149] Por lo demás, aunque pueda desprenderse que algunas de las partes más intrincadas y sutiles de las matemáticas especulativas puedan ser tronchadas sin ningún perjuicio para la verdad, no veo, sin embargo, el perjuicio que de ello podrá derivar la humanidad. Al contrario, creo que sería muy deseable que hombres de gran capacidad y constante aplicación[150] apartaran su pensamiento de esos pasatiempos y lo emplearan en el estudio de cosas que estén más cerca de las incumbencias de la vida o que tengan influencia más directa sobre las costumbres.

132. Si se dice que varios teoremas, cuya verdad nadie pone en duda, fueron descubiertos por métodos que utilizan los infinitesimales —cosa imposible si su existencia incluyera una contradicción— respondo: que después de un examen cuidadoso se encontrará que en ningún caso es necesario usar o concebir partes *infinitesimales* de líneas finitas o cantidades menores al *mínimum sensible*. Más aún, es evidente que esto nunca se hará, por ser imposible.[151]

133. Por lo que se ha dicho hasta aquí resulta obvio que numerosos e importantes errores tuvieron origen en aquellos falsos principios que hemos impugnado en las partes precedentes de este Tratado. Y los principios opuestos a esas creencias erróneas parecen ser, al mismo tiempo, muy provechosos; de donde surgen innumerables consecuencias, altamente ventajosas, tanto para la verdadera filosofía como para la religión. Se ha demostrado particularmente que es en la *materia, o existencia absoluta de objetos corporales*, donde los más declarados y per-

niciosos enemigos de todo conocimiento, ya sea humano o divino, pusieron siempre su mayor fuerza y confianza. Y, en verdad, si se distingue la existencia real de las cosas no pensantes de su ser percibidas, dándoles una substancia propia fuera de las mentes de los espíritus, ni una sola cosa puede explicarse en la naturaleza sino que, por el contrario, surge un gran número de dificultades inexplicables; si la suposición de la materia[152] es puramente precaria por no estar fundada ni siquiera en una sola razón; si sus consecuencias no pueden resistir la luz del examen y la libre investigación sino que se cobijan bajo la pretensión oscura y general de que lo *infinito es incomprensible*; si el quitar esa materia no trae ninguna consecuencia funesta; si, por otra parte, tampoco se la echa de menos en el mundo y todo puede ser bien y aun mejor concebido sin ella; si, por último, tanto los escépticos como los ateos callan para siempre al suponer tan solo espíritus e ideas, y este orden de cosas concuerda perfectamente con la razón y la religión: creo que podremos esperar que sea admitido y firmemente adoptado, aunque sólo fuera propuesto como una *hipótesis*, y se admitiera la posibilidad de la existencia de la materia, si bien entiendo que hemos demostrado con toda evidencia que no lo es.

134. Es verdad que, como consecuencia de los principios anteriores, fueron rechazadas como inútiles muchas disputas y especulaciones que son estimadas como parte no mezquina del saber.[153] Pero por más que ello pueda originar grandes prejuicios en contra de nuestras teorías en quienes ya estén empeñados a fondo, y hayan hecho

grandes progresos, en estudios de esa naturaleza, esperamos, sin embargo, que otros no lo considerarán como justo motivo de desagrado hacia los principios y creencias aquí sentados, puesto que abrevian las cargas del estudio y hacen que las ciencias humanas sean más claras, concisas y asequibles que antes.

135. Concluido lo que intentábamos decir respecto al conocimiento de las *ideas*, el método que propusimos nos lleva en segundo lugar a tratar de los *espíritus*,[154] acerca de los cuales el conocimiento humano no es, quizá, tan deficiente como se cree vulgarmente. La gran razón aducida para creernos ignorantes acerca de la naturaleza de los espíritus es que no tenemos una *idea* de ella.[155] Pero, sin duda, no deberá ser mirado como defecto en un entendimiento humano el que no perciba la idea de espíritu, si es manifiestamente imposible que haya tal idea. Y esto, si no me equivoco, ha sido demostrado en la sección 27. A lo cual añadiré que se ha demostrado que el espíritu es la única substancia o sostén en que pueden existir seres no pensantes o ideas, pero es evidentemente absurdo, que esta *substancia* que sostiene o percibe ideas sea ella misma una idea o semejante a una idea.

136. Se dirá, tal vez, (como algunos[156] han imaginado), que necesitamos un *sentido* adecuado para conocer substancias y que si lo tuviéramos podríamos conocer nuestra propia alma como conocemos un triángulo. A lo cual contesto que, si se nos otorgara otro sentido, podríamos tan sólo tener algunas nuevas *sensaciones*, o *ideas de los sentidos*. Pero creo que nadie dirá que lo que expresa con los términos *alma* y *substancia* sea solamente una cla-

se particular de idea o sensación. Podemos entonces inferir que, consideradas las cosas debidamente, no es más razonable pensar que nuestras facultades son defectuosas porque no nos dan una idea de espíritu o substancia pensante activa, que si les reprocháramos por no ser capaces de comprender un *cuadrado redondo*.

137. De la opinión de que ha de conocerse a los espíritus por medio de ideas o sensaciones han surgido muchas creencias absurdas y heterodoxas y mucho escepticismo acerca de la naturaleza del alma. Es aun probable que esta opinión haya producido en algunos la duda acerca de si en realidad tienen un alma distinta del cuerpo; puesto que al investigar no pudieron encontrar que tuvieran idea de ella. Que una *idea*, que es inactiva[157] y cuya existencia consiste en ser percibida, haya de ser la imagen o semejanza de un agente subsistente por sí mismo, parecería no necesitar otra refutación que atender simplemente a lo significado por esas palabras. Pero, quizá se diga que, aunque una idea no pueda parecerse a un espíritu en su pensar, actuar o subsistir por sí mismo, podría parecerse en algún otro aspecto y no ser necesario que una idea o imagen sea en todos sus aspectos igual al original.

138. Respondo que si no es en los aspectos mencionados es imposible que lo represente de ninguna otra manera. Apartad solamente el poder de querer, pensar y percibir ideas y no quedará nada en que una idea pueda parecerse a un espíritu. Pues con la palabra *espíritu* expresamos únicamente lo que piensa, quiere y percibe; esto y solamente esto, constituye el significado de ese término. Si, por lo tanto, es imposible que ningún grado de esos

poderes sea representado en una idea,[158] es evidente que no puede haber idea de espíritu.

139. Pero se objetará que si no se expresa ninguna idea con los términos *alma, espíritu* [*spirit*] y *substancia*, nada quieren decir y no tienen ningún significado. Contesto que esas palabras quieren decir o significan una cosa real, que no es ni una idea ni semejante a una idea, sino aquello que percibe ideas, y quiere y razona acerca de ellas. Lo que yo *mismo* soy, aquello que designo con el término yo, es lo mismo que lo significado por *alma* o *substancia espiritual*.[159] Si se dice que se trata tan sólo de una disputa terminológica —y que del mismo modo como, por consenso general, se designa con el término *idea* el significado inmediato de otros nombres, no puede aducirse razón por la cual lo significado por los términos *espíritu* o *alma* no puedan participar del mismo nombre— contesto que todos los objetos no pensantes de la mente concuerdan en que son enteramente pasivos y que su existencia consiste solamente en ser percibidos, mientras que el *alma* o *espíritu* es un ser activo cuya existencia no consiste en ser percibido sino en percibir ideas y en pensar.[160] Es necesario, entonces, para evitar equivocaciones y para no confundir naturalezas totalmente discordantes y que en nada se asemejan, que distingamos entre *espíritu* e *idea*. Véase sección 27.

140. En un sentido amplio podemos, sin duda, decir que tenemos una idea, o más bien una noción, de *espíritu*.[161] Esto es, entendemos el significado de la palabra, de lo contrario no podríamos afirmar o negar nada acerca de ella. Además, así como concebimos las ideas que están en

las mentes [*minds*] de otros espíritus [*spirits*] por medio de las propias que suponemos semejantes a aquéllas, de la misma manera conocemos a otros espíritus por medio de nuestra propia alma, la cual, en este sentido, es la imagen o idea de ellos, pues tiene la misma semejanza con otros espíritus que lo azul o el calor percibido por mí tiene con esas ideas percibidas por otro.[162]

141.[163] No deberá suponerse que quienes afirman la natural inmortalidad del alma son de opinión de que es absolutamente imposible su aniquilamiento, aun por el infinito poder del Creador quien primeramente le dio existencia, sino que no está sujeta a desmembrarse o deshacerse de acuerdo a las leyes ordinarias de la naturaleza o del movimiento. Sin duda, aquellos que sostienen que el alma del hombre es una débil llama vital o un conjunto de espíritus animales la hacen perecedera y corruptible como el cuerpo; puesto que no hay nada más fácil de disipar que un ser semejante, el cual es naturalmente imposible que haya de sobrevivir a la ruina del receptáculo en que está encerrado. Y esta creencia ha sido aceptada con placer y acariciada por la peor parte de la humanidad, como el antídoto más efectivo contra toda idea de virtud y religión. Pero se ha demostrado que los cuerpos, cualquiera sea su forma o estructura, son simplemente ideas pasivas en la mente, la cual está más distante y es más distinta de ellos que la luz de la oscuridad. Hemos demostrado que el alma es indivisible, incorpórea, inextensa, y por lo tanto es incorruptible. Nada puede ser más claro que los movimientos, cambios, decadencias y disoluciones que a toda hora vemos que ocurren a los cuerpos naturales (y que es lo que llamamos *curso de la naturaleza*), no pueden afectar una substancia activa, simple y no compuesta; tal ser es, por lo tanto, indisoluble por la fuerza de la naturaleza; es, decir, el *hombre es naturalmente inmortal.*

142. Después de lo que se ha dicho supongo resulta claro que nuestras almas no pueden conocerse del mismo modo que los objetos insensibles e inactivos, o sea por medio de las *ideas.* Los *espíritus* y las *ideas* son cosas tan distintas que, cuando decimos que "existen", "son conocidos" o cosa semejante, no deberá creerse que estas palabras significan algo común a la naturaleza de ambos.[164] Nada hay de parecido o común en ellos; y esperar que por cualquier multiplicación o engrandecimiento de nuestras facultades podamos conocer un espíritu como conocemos un triángulo, parecería tan absurdo como si esperáramos *ver un sonido.* Se insiste en esto porque creo que puede ser de importancia para el esclarecimiento de varias graves cuestiones y para prevenir algunos errores peligrosos acerca de la naturaleza del alma.[165] Creo que hablando estrictamente no podemos decir que tengamos una *idea* de un ser activo o de una acción; si bien podemos decir que tenemos una *noción* de ellos. Tengo algún conocimiento o noción de *mi mente* y de su actividad con las ideas, en tanto conozco o entiendo el significado de esas palabras. De lo que conozco tengo alguna noción. No diré que los términos *idea* y *noción* no puedan usarse como sinónimos si la gente así lo quiere. Pero conviene a la claridad y a la propiedad del lenguaje distinguir cosas muy diferentes con términos diferentes. Deberá también

señalarse que, puesto que todas las *relaciones* suponen un acto de la mente, no podemos propiamente decir que tengamos una idea, sino más bien una noción, de las relaciones y comercio entre las cosas. Pero, si de acuerdo al uso moderno,[166] la palabra *idea* se extiende a los *espíritus*, a las *relaciones* y a los *actos*, se trata, después de todo, de una cuestión terminológica.

143. No estará fuera de lugar añadir que la doctrina de las *ideas abstractas* ha tenido parte no pequeña en volver intrincadas y oscuras aquellas ciencias que particularmente se refieren a cosas espirituales. Los hombres han imaginado que podían formar nociones abstractas de los *poderes* y *actos* de la mente y considerarlas separadas tanto de la mente o espíritu en sí mismo, como de sus objetos y efectos respectivos. De ahí el gran número de términos oscuros y ambiguos, que presumen convenir a nociones abstractas, que fueran introducidos en la metafísica y en la moral y de los que surgieron infinitas perturbaciones y disputas entre los entendidos.

144. Pero nada parece haber contribuido más a que los hombres se enredaran en controversias y errores acerca de la naturaleza y de las operaciones de la mente, que el estar acostumbrados a hablar de esas cosas en términos tomados de las ideas sensibles. La voluntad, por ejemplo, ha sido llamada el *movimiento* del alma; esto infunde la creencia de que la mente del hombre es como una pelota en movimiento, impelida y determinada por los objetos de los sentidos como aquélla lo es por el golpe de la raqueta. De aquí nacen dudas y errores sin fin, de consecuencias peligrosas para la moral. Todo lo cual sin duda

puede ser aclarado y la verdad aparecer evidente, uniforme y consistente, si los filósofos se persuadieran de que deben[167] recogerse sobre sí mismos y considerar atentamente sus propios pensamientos [*meaning*].[168]

145. De lo dicho se desprende que no podemos conocer la existencia de *otros espíritus* de otra manera que por sus operaciones, o por las ideas que ellos provocan en nosotros. Percibo ciertos movimientos, cambios y combinaciones de ideas que me informan que hay ciertos agentes particulares, semejantes a mí, que las acompañan y concurren a su producción. Por lo tanto, el conocimiento que tengo de los otros espíritus no es inmediato, como lo es el conocimiento de mis ideas, sino que depende de la intervención de ideas que refiero, como efectos o signos concomitantes, a otros agentes o espíritus distintos del propio.[169]

146. Pero, aunque hay algunas cosas que nos convencen que los agentes humanos tienen que ver en su producción es evidente, sin embargo, que las llamadas "obras de la naturaleza", es decir, la gran mayoría de las ideas o sensaciones percibidas por nosotros no son producidas ni dependen de la voluntad de los *hombres*. Hay, por consiguiente, otro Espíritu que es la causa de ellas, puesto que es contradictorio [*repugnant*] pensar que hayan de subsistir por sí mismas. (Véase sección 29). Pero si consideramos atentamente la regularidad constante, el orden y el encadenamiento de las cosas naturales, la estupenda magnificencia, belleza y perfección de las más grandes y la exquisita disposición de las más pequeñas partes de la creación, junto con la exacta armonía y correspondencia del

conjunto y, sobre todo, las nunca suficientemente admiradas leyes del placer y el dolor, y los instintos o inclinaciones naturales, los apetitos y las pasiones de los animales; si consideramos, digo, todas esas cosas y al mismo tiempo atendemos al significado e importancia de los atributos de uno, eterno, infinitamente sabio, bueno y perfecto, veremos claramente que pertenecen al Espíritu antedicho "quien produce todo en el todo" y "en quien todas las cosas consisten".

147. Es evidente, por lo tanto, que conocemos a Dios tan cierta e inmediatamente como a cualquier otra mente o espíritu distinto del propio. Podemos aun afirmar que la existencia de Dios es mucho más ciertamente percibida que la existencia de los hombres, puesto que los efectos de la naturaleza son infinitamente más numerosos y considerables que los que pueden asignarse a agentes humanos. No hay ningún signo que denote a un hombre, o el efecto producido por él, que no señale aun con más fuerza la existencia de aquel Espíritu que es el autor de la naturaleza. Pues es evidente que, al afectar a otras personas, la voluntad del hombre no tiene otro objeto que el simple movimiento de los miembros de su cuerpo; pero que ese movimiento sea tenido en cuenta, o produzca alguna idea en la mente de otro, depende enteramente de la voluntad del Creador. Él solamente es quien "sosteniendo todas las cosas con el verbo de su poder", mantiene entre los espíritus aquel intercambio por el cual están en condiciones de percibir la existencia los unos de los otros y sin embargo esta Luz pura y clara que ilumina a todo el mundo es ella misma invisible.[170]

148. Parece ser una excusa general del rebaño no pensante que no podemos *ver* a Dios. Si pudiéramos verlo, dicen, como se ve a un hombre, creeríamos que existe, y al creerlo, obedeceríamos a sus mandatos. Pero, a fe mía, necesitamos solamente abrir los ojos para ver al Señor Soberano de todas las cosas, con una visión *más* completa y clara que la de nuestros semejantes. No es que imagine que vemos a Dios (como algunos pretenden) con una visión directa e inmediata; o que vemos las cosas corporales no por sí mismas, sino viendo aquello que las representa en la esencia de Dios, cuya doctrina —debo confesarlo— es incomprensible para mí.[171] Pero me explicaré. Un espíritu humano o persona no es percibido por los sentidos pues no es una idea. Entonces, cuando vemos el color, el tamaño, la figura y los movimientos de un hombre, percibimos solamente ciertas sensaciones o ideas provocadas en nuestras propias mentes; y éstas, al presentarse a nuestra vista en varios grupos distintos, sirven para señalarnos la existencia de espíritus finitos y creados como nosotros. Por lo tanto, es evidente que no vemos a un hombre, si por *hombre* se entiende lo que vive, se mueve, percibe y piensa, como lo hacemos nosotros; sino solamente un cierto conjunto de ideas que nos induce a pensar que hay un principio distinto de pensamiento y movimiento similar a nosotros mismos que acompaña y está representado por él. Del mismo modo vemos a Dios. La diferencia consiste en que mientras un conjunto finito y estrecho de ideas denota una mente humana particular, a cualquier lado que dirijamos nuestra vista, en todo tiempo y en cualquier lugar, percibimos

muestras manifiestas de la Divinidad; todo lo que vemos, oímos, sentimos o por cualquier modo percibimos por los sentidos, es un signo o efecto del poder de Dios, como lo es también nuestra percepción de los movimientos mismos que son producidos por los hombres.[172]

149. Es por lo tanto indudable que nada puede ser más evidente, para cualquiera que sea capaz de la menor reflexión, que la existencia de Dios o de un Espíritu que está íntimamente presente en nuestra mente, y que produce en ella toda la variedad de ideas o sensaciones que continuamente nos afectan y de quien dependemos absolutamente; en una palabra "en quien vivimos, nos movemos y tenemos nuestra existencia". Que el descubrimiento de esta gran verdad, tan evidente y tan próxima a la mente, sea alcanzada por la razón de muy pocos, es un ejemplo triste de la torpeza y falta de atención de los hombres quienes, a pesar de estar rodeados de tan claras manifestaciones de la Deidad, se ven, sin embargo, tan poco impresionados por ellas que parecen estar cegados por exceso de luz.

150. Pero, diréis: ¿No tiene la naturaleza parte alguna en la producción de las cosas naturales y deben todas ellas asignarse a la sola e inmediata[173] obra de Dios? Respondo que, si por *naturaleza* se entiende solamente la *serie visible* de efectos o sensaciones impresas en nuestras mentes de acuerdo a ciertas leyes fijas y generales, es claro que la naturaleza, tomada en ese sentido, nada puede producir.[174] Pero si por *naturaleza* se entiende algún ser distinto de Dios, de las leyes de la naturaleza y de las cosas percibidas por los sentidos, debo declarar que esa pa-

labra es para mí un sonido vacío, sin ningún sentido inteligible que le acompañe. La naturaleza en esta acepción es una vana quimera introducida por aquellos herejes que no tienen noción justa de la omnipresencia e infinita perfección de Dios. Pero es menos explicable aun que la admitan cristianos que pretenden creer en las Sagradas Escrituras, las cuales siempre atribuyen directamente a la mano de Dios aquello que los filósofos herejes suelen asignar a la naturaleza. "El señor hace que asciendan los vapores; Él produce los relámpagos y la lluvia"; "Él saca al viento de su tesoro" (Jeremías, X, 13); "Él torna en mañana la sombra de la muerte y hace al día oscuro en la noche" (Amos, V, 8). "Él visita la tierra y la ablanda con la lluvia; Él la bendice con la germinación y embellece al año con su bondad de modo que los prados están poblados de ganado y los valles cubiertos de grano" (véase Salm. LXV). Pero, a pesar de que éste es el lenguaje constante de la Escritura, siempre tenemos no sé qué aversión a creer que Dios mismo se ocupa tan estrechamente de nuestros asuntos. Estamos más bien inclinados a suponerle a gran distancia y a poner algún ciego representante no pensante en su lugar, aunque (si hemos de creer a San Pablo), "Él no está muy lejos de cada uno de nosotros".

151. Se objetará, sin duda, que los métodos lentos graduales e indirectos que se observan en la producción de las cosas naturales, no parecerían tener como causa la acción *inmediata* de la mano de un Agente Todopoderoso. Además, los monstruos, los nacimientos a destiempo, los frutos arrasados en flor, las lluvias que caen en lugares desiertos, las miserias inherentes a la condición humana y

cosas semejantes, son otros tantos argumentos que demuestran que toda la estructura de la naturaleza no está inmediatamente dirigida por un Espíritu de infinita sabiduría y bondad. La respuesta a esta objeción se desprende con bastante claridad de la sección 62, pues es bien visible que los métodos de la naturaleza ya mencionados son absolutamente necesarios para operar con las reglas más simples naturales, y según un modo fijo y consistente, lo cual pone de manifiesto tanto la sabiduría como la bondad de Dios.[175] Tal es el artificioso dispositivo de esta poderosa máquina de la naturaleza que, mientras sus variados fenómenos y movimientos impresionan nuestros sentidos, la mano que mueve el conjunto es imperceptible para los hombres de carne y hueso. "En verdad (dijo el profeta), Tú eres un Dios que se esconde" (Isaías, XLV, 15). Pero aunque el Señor se oculte a los ojos de los sensuales y los holgazanes, que no quieren tomarse el trabajo de pensar, nada es más claramente legible para una mente atenta y sin prejuicios que la íntima presencia de un Espíritu omnisapiente que forja, regula y sostiene todo el sistema del Ser. Es claro, por lo que hemos dicho en otro lugar, que el operar de acuerdo a ciertas leyes generales y establecidas es tan necesario para guiarnos en la vida y descubrir los secretos de la naturaleza, que sin ello todo el alcance y la amplitud de pensamiento, todo el designio y la sagacidad humana no servirían para alcanzar ningún propósito; y aun sería imposible que existieran tales facultades o poderes en la mente. (Véase sec. 31.) Esta sola consideración compensa cualquier inconveniente particular que de aquello pudiera surgir.

152. Deberíamos considerar, además, que las mismas manchas y defectos de la naturaleza no dejan de tener su utilidad, pues forman una agradable variedad, y aumentan las bellezas del resto de la creación, de la misma manera que la sombra de un cuadro sirve para hacer resaltar las partes más brillantes e iluminadas. Sería también conveniente examinar si la imputación de imprudencia que dirigimos al Autor de la naturaleza por la pérdida de embriones y semillas, y por la destrucción accidental de plantas y animales antes de llegar a la madurez, no es el efecto del prejuicio adquirido en nuestro trato con mortales impotentes y mezquinos. En el *hombre*, sin duda podrá considerarse una virtud el disponer de esas cosas con mucha economía, pues no puede procurárselas sin gran trabajo e industria. Pero no debemos imaginar que la asombrosamente delicada maquinaria de un animal o vegetal cueste al gran Creador más trabajo o cuidado que la producción de un guijarro; pues nada es más cierto que un espíritu omnipotente puede producir, indistintamente, cualquier cosa por un mero *fiat* o acto de su voluntad. De donde surge que la espléndida profusión de las cosas naturales no deberá interpretarse como debilidad o prodigalidad del Agente que las produce, sino que deberá mirarse más bien como una prueba de la riqueza de Su poder.

153. En cuanto a la mezcla de dolor o desasosiego que existe en el mundo y que acompaña a las leyes generales de la naturaleza y a las acciones de los espíritus finitos e imperfectos, es indispensable a nuestro bienestar en el estado en que nos encontramos actualmente. Pero

nuestra vista es demasiado estrecha. Tomamos, por ejemplo, la idea de cualquier dolor particular en nuestro pensamiento y lo consideramos como un *mal*. Mientras que si ensanchamos nuestro campo de manera que comprenda los diversos fines, conexiones y dependencias de las cosas, en qué casos y en qué proporciones somos afectados por el placer y el dolor, la naturaleza de la libertad humana y el propósito por el cual hemos sido puestos en el mundo, nos veremos obligados a reconocer que esas cosas particulares que consideradas en sí mismas aparecen como malas, participan de la naturaleza de lo bueno cuando se las considera en relación con el sistema total de los seres.

154. De lo que se ha dicho resultará manifiesto a cualquier persona reflexiva que es solamente por falta de extensión y amplitud mental que pueden encontrarse secuaces del ateísmo y de la herejía maniquea.[176] Las almas pequeñas e irreflexivas pueden, en realidad, burlarse de las obras de la Providencia cuyo orden y belleza no quieren o no tienen capacidad para entender. Pero los que poseen un pensamiento justo y amplio, y están además habituados a reflexionar, nunca pueden admirar suficientemente las huellas divinas de la Sabiduría y la Bondad que brillan a través de toda la economía de la naturaleza. Pero, ¿qué verdad hay que brille tanto en la mente que por una aversión del pensamiento o por un obstinado cerrar de ojos no podamos dejar de ver? ¿Es, pues, cosa de maravillarse si la generalidad de los hombres que se ocupan exclusivamente del placer y los negocios, y están poco acostumbrados a abrir o fijar los ojos de la mente, no tengan toda

la convicción y la evidencia del Ser Divino que pudiera esperarse de criaturas razonables?

155. Deberíamos maravillarnos de que haya hombres tan torpes que pasen por alto una verdad tan evidente e importante, más bien que sorprendernos de que, por no prestarle atención, no se convenzan de ella. Y es aun de temerse que muchos hombres que disponen de inteligencia y del tiempo, y que viven en países cristianos, hayan caído en una especie de ateísmo debido a una terrible y supina negligencia.[177] Puesto que es absolutamente imposible que un alma penetrada e iluminada con un sentido completo de la omnipresencia, santidad y justicia de Aquel Espíritu Todopoderoso pueda persistir, sin remordimiento, en una violación de Sus leyes. Debemos, por lo tanto, meditar y reflexionar seriamente sobre esos puntos importantes, de tal manera que podamos llegar a una convicción sin sombra de duda, de que "los ojos del Señor están en todas partes, observando lo bueno y lo malo; que Él está con nosotros y nos protege donde quiera que vayamos, y nos da pan para comer y ropas con qué vestirnos"; que Él está presente y conoce nuestros pensamientos más recónditos y que tenemos la más inmediata y absoluta dependencia de Él. Una visión clara de estas grandes verdades no podrá menos que llenar nuestros corazones de terrible circunspección y de santo temor que son los más grandes incentivos para la virtud y la mejor defensa en contra del vicio.

156. Porque, después de todo, lo que merece el primer lugar en nuestros estudios es la consideración de DIOS y de nuestro DEBER. Promover a ello fue el designio

y curso principal de mis trabajos, y los consideraré inútiles e ineficaces si con lo dicho no logro inspirar en mis lectores un piadoso sentimiento de la presencia de Dios y —después de haber mostrado la vanidad y falsedad de las áridas especulaciones que constituyen la ocupación principal de los hombres instruidos— disponerlos mejor a reverenciar y abrazar las saludables verdades del Evangelio, cuya práctica y conocimiento son la más alta perfección de la naturaleza humana.

Notas del traductor

1 En la segunda edición se suprimió el agregado "primera parte" que figuraba en la portada de la primera edición, pero se lo mantuvo en el cuerpo de la obra. Como se sabe, el autor no publicó la segunda parte del *Tratado;* se cree que perdió los manuscritos durante un viaje por Italia y que no volvió a escribirla.

2 Berkeley comienza por identificar los *objetos* del conocimiento con las *ideas,* lo cual supone la aceptación, por adelantado, de la doctrina que expondrá en esta obra. Podría objetársele que las ideas no son los objetos sino los *medios* de nuestro conocimiento: conocemos los objetos por medio de las ideas. La determinación de la naturaleza de los objetos implica una complicada teoría metafísica que no es posible aceptar desde un comienzo como supuesto evidente.

3 El autor usa el término *idea* con la amplitud que lo había hecho Locke en su *Essay* y no en el sentido restringido que tiene actualmente. Para él *idea* es todo objeto mental, actual o inmediatamente percibido por el espíritu, todo dato de los sentidos externos e internos y el recuerdo o la imaginación de esos datos. Locke, a su vez, entendía por idea "whatsoever is the object of the understanding when a man thinks." *(Essay,* introd.§ 8).

4 *Idea* tiene aquí un sentido lato. En un sentido estricto no tenemos ideas del espíritu y de sus operaciones (sec. 27), sino *nociones* (secs. 39 y 142 *in fine).* En contra de la interpretación que damos a este debatido pasaje, cfr. G.

A. Johnston, *The Development of Berkeley's Philosophy*, págs. 143-146; y A. A. Luce, *Berkeley and Malebranche*, págs. 72-74.

5 La palabra inglesa [*mind*], tiene la doble acepción de mente y espíritu; nuestra traducción variará pues, de acuerdo al sentido que ella tenga en la oración. Recuérdese que hay en inglés una palabra [*spirit*] que equivale estrictamente a la palabra castellana espíritu.

6 Esta distinción corresponde a la de Locke (cfr. *Essay*, libro II, caps. 1, 2, 6 y 12), quien dividía las ideas en simples de los sentidos, simples de la reflexión y complejas. Berkeley abandonará bien pronto esta división para distinguir entre "ideas de los sentidos" e "ideas de la imaginación". Cfr. secs. 28, 29, 30 y 33.

7 Toda la realidad se divide en dos: 1°) las *ideas* u objetos mentales cuya existencia consiste en ser percibidos; 2°) los espíritus que son seres capaces de percibir las ideas. Estos existen en sí mismos, mientras que las ideas sólo existen en los espíritus. Véase nuestra nota 160. Es por esto que Windelband y otros autores llaman, con justa razón, *espiritualismo* y no *idealismo*, a la filosofía de Berkeley. Sobre el concepto de *espíritu* véase sec. 27.

8 Este párrafo implica una nueva forma, más adelantada, de concebir la mente, pues en su *Commonplace Book*, Berkeley la considera como un "cúmulo de percepciones" y aquí como "algo enteramente distinto" de las ideas o percepciones.

9 Aquí se señala por primera vez el principio fundamental de la filosofía de Berkeley: ser es ser percibido.

10 Adviértase que no se afirma que las ideas deben existir en mi mente, sino en *una* mente.

11 *Esse* es *percipi* es el postulado primero y fundamental de la filosofía de Berkeley. Si bien se esfuerza por demostrarlo en diversos pasajes de esta obra, lo trata como un principio intuitivo y evidente.

12 El término *noción* [*notion*] equivale aquí a dato inmediato de los sentidos y no difiere esencialmente de *idea*. En este sentido lo usó Locke en el *Essay* y es el que tiene en las obras de Berkeley anteriores al *Tratado* y en la primera edición de esta obra (1710). En la segunda edición (1734) el autor distinguió entre noción e idea: tenemos ideas de las cosas y noción de nuestra propia mente, de los espíritus y de las relaciones de las cosas o ideas (sec. 89 *in fine*). Cfr. nuestras notas a las secs. 27, 89, 138 y 142.

13 En la primera edición se agregaba: "En verdad, el objeto y la sensación son la misma cosa y por lo tanto no pueden separarse uno del otro".

14 Berkeley apela de continuo a la intuición inmediata en la que todo error o ilusión es imposible. Esto nos recuerda a Descartes, si bien debe señalarse que para el filósofo francés se trata de evidencia lógica, mientras que el autor se refiere a una evidencia psicológica.

15 En la primera edición, en el lugar de esta última oración, encontramos la siguiente: "Para que esto aparezca con toda la claridad y evidencia de un axioma parece ser suficiente, si es que puedo despertar la reflexión del lector,

que él haga un examen imparcial de su propio pensamiento [*meaning*] y dirija su atención al sujeto mismo, libre y desligado de todo estorbo de palabras y predisposición en favor de errores admitidos".

16 En la primera edición decía "demostración" en vez de "prueba" a pesar de que se le asignaba el carácter de intuitiva.

17 Esta creencia está ya expresada en *el Commonplace Book*, 873 y 874.

18 Se refiere especialmente a Locke. Cfr. su *Essay*, libro II, cap. 8.

19 En la primera edición se agregaba: "De manera que no creo necesario perder más tiempo en exponer su absurdo. Pero como la creencia en la existencia de la materia parece haber echado raíces profundas en la mente de los filósofos y lleva en sí tantas consecuencias perniciosas, prefiero más bien que se me tenga por prolijo y cansador antes que omitir algo que pueda conducir al completo descubrimiento y extirpación de aquel prejuicio."

20 Alude nuevamente a Locke; cfr. su *Essay*, libro II, cap. 8, §§ 13 y 18; cap. 23 § 11; libro IV, cap. 3, §§ 24, 25 y 26.

21 Según se ve claramente en la sec. 5 *in fine*, Berkeley identifica concebir [*conceive*] con imaginar. De lo contrario, no habría ninguna dificultad en concebir la extensión y el movimiento sin las otras cualidades sensibles. Cfr. nuestro *estudio preliminar*, págs. 23-24.

22 En este párrafo se advierte con claridad —según señalamos en el *estudio preliminar*— cómo Berkeley parte de la distinción de Locke para alcanzar su tesis inmaterialista. Cfr. sec. 14 *in initio* y sec. 15.

23 Para Berkeley la extensión es la característica distintiva del mundo material; de ahí que considere la solidez y el movimiento dependientes de la extensión.

24 Un razonamiento semejante sobre la naturaleza del número puede verse en *A New Theory of Vision*, sec. 109.

25 Se refiere a Locke. Véase su *Essay*, libro II, cap. 7, § 7 y cap. 1, § 1.

26 "Ninguna alteración en ningún objeto externo" substituyó a la expresión "ninguna alteración externa" que aparecía en la primera edición.

27 Estos argumentos se exponen con mayor claridad en el primer *Diálogo entre Hylas y Filonús*.

28 "Objeto externo" significa para Berkeley objeto ajeno a todo espíritu que lo perciba.

29 En la primera edición se agregaba: "Por mi parte, no soy capaz de descubrir ningún sentido que pueda dársele".

30 En ésta y en la sección siguiente, se sostiene que no puede probarse, ni por los sentidos ni por la razón, la existencia de una realidad que no sea percibida.

31 En la primera edición esta oración era afirmativa y decía así: "Pero yo no veo qué razón puede inducirnos, etc..."

32 Esto presupone que el mundo material puede tener una existencia imaginaria parecida a la de la percepción sensible, pero en un grado menor

de realidad. Recuérdese que Berkeley supone que la realidad admite grados. Véase nuestra nota 47, sec. 33.

[33] "Concebir la existencia de cuerpos externos" significa concebir cuerpos que no son concebidos, lo cual implica una contradicción. Ver nuestra nota 28, a la sec. 15.

[34] En la primera edición se iniciaba la presente sección con estos términos: "Si los hombres pudieran dejar de engañarse con palabras creo que nos pondríamos inmediatamente de acuerdo sobre este punto".

[35] El término *noción* es usado nuevamente aquí como sinónimo de *idea*. Cfr. nota 42.

[36] Cfr. *Diálogo entre Hylas y Filonús* (ed. A. C. Fraser, 1901, pág. 447).

[37] En el *Commonplace Book* había ya señalado Berkeley la imposibilidad de que una idea sea la causa de otra idea. Ver *Commonplace Book* (ed. A. C. Fraser, 1901, pág. 10).

[38] Alude a Locke, quien sugirió esa explicación.

[39] Basado en el principio de causalidad y después de eliminar la posibilidad de que sean las ideas o la substancia corpórea la causa de la producción o cambio de nuestras ideas, llega Berkeley a la conclusión de que será una substancia incorpórea o espiritual. Esta substancia, que él llama Espíritu, da realidad al mundo material y los cambios que se producen en éste son el resultado de la actividad incesante del Espíritu.

[40] En el tercer *Diálogo entre Hylas y Filonús* define al espíritu, mente o alma como "una cosa indivisible e inextensa que piensa, actúa y percibe" (trad. cast. cit., pág. 116. Cfr. sec. 138 del *Tratado*.

[41] En la primera edición se intercalaba a continuación de *"voluntad"* las palabras *entendimiento, mente*.

[42] Todo lo que sigue de esta sección aparece por primera vez en la segunda edición (1734). El agregado es de importancia porque en él se distingue *noción* de *idea*, términos que antes equivalían. Por *noción* Berkeley parece entender el contenido de los pensamientos conceptuales en oposición a las representaciones concretas y particulares implícitas en las ideas. Cfr. nuestra nota 12, a la sec. 5.

[43] Se refiere a las "ideas de la imaginación" que se distinguen de las "ideas de los sentidos" en que podemos provocarlas a placer y en que son menos vívidas, regulares y constantes que éstas. Cfr. sec. 29.

[44] En ésta y en las cuatro secciones siguientes, Berkeley habla de las ideas que se presentan a los sentidos y de las características que las distinguen de las otras ideas que dependen del sujeto. Las primeras serán llamadas "externas" y las segundas "subjetivas" o "individuales".

[45] Estas cualidades de las ideas que se presentan a los sentidos fueron señaladas nuevamente por Hume en la sec. II de su *Investigación sobre el entendimiento humano*. Véase la trad. cast. de Juan A. Vázquez, 1ª ed. publicada por Losada, pág. 53.

46 Este mismo principio fue establecido por Berkeley en su *Commonplace Book,* (ed. 1901, pág. 10), cuando dice que "la causa de todas las cosas naturales es Dios" y que "por lo tanto de nada servía preguntarse sobre las causas segundas".

47 Esto implica que la realidad tiene grados y que hay tan sólo una diferencia de grados entre las cosas que se presentan a los sentidos y las ideas puramente imaginadas.

48 Berkeley dedica las cincuenta secciones que siguen (34-84) a contestar supuestas objeciones a los principios establecidos en las secciones anteriores.

49 Cualquier cosa que perciba el espíritu es una *idea*, sea provocada por algo externo a nosotros o por nosotros mismos. El problema que Berkeley se plantea, y que resuelve negativamente, es el de la posibilidad de que existan objetos que estén fuera de toda relación con un espíritu.

50 En la primera edición se agregaba: "Ese es, según veo, el único daño ocasionado".

51 Se refiere a las "ideas de la imaginación". Véase sec. 28.

52 Véase sec. 29.

53 Lo que perciben los sentidos es más real que lo que el sujeto imagina. Véase nota 47, sec. 33.

54 Es decir, son ideas presentativas. Cfr. sec. 33.

55 Para Berkeley el término *substancia* tiene dos acepciones: a) razón activa o espíritu, b) agregado de fenómenos sensibles, llamado comúnmente "cosa sensible". La primera acepción es la que corresponde; la segunda tiene un valor superficial y convencional. Debe descartarse cualquiera otra acepción, incluso la que se enuncia en la segunda parte de la sec. 37.

56 Es decir, objetos percibidos inmediatamente por los sentidos.

57 "Cosas pensantes", es decir, mentes o espíritus. Esto nos recuerda a Descartes, quien usa exactamente la misma expresión y de quien Berkeley posiblemente la ha tomado. Véase la segunda meditación *(Meditaciones metafísicas,* trad. de Manuel G. Morente, pág. 130) y nuestro trabajo titulado *Influencia de Descartes sobre el Idealismo de Berkeley,* publicado por el Instituto de Filosofía de la Universidad Nacional de Buenos Aires (1937).

58 Cfr. secs. 87 a 91.

59 En la primera edición se agregaba: "Si se sospecha que lo que se ve no es más que la idea del fuego, póngase la mano dentro y se tendrá un testimonio que convencerá".

60 Recuérdese que para Berkeley las ideas que se presentan a los sentidos son las verdaderas cosas reales, mientras que las ideas de la imaginación son meras representaciones de las cosas.

61 A esta objeción podrá también responderse que —de acuerdo a los principios establecidos— el espacio mismo depende de la mente que lo percibe y que, por lo tanto, también dependerá de ella todo lo que esté incluido en el espacio. Cfr. sec. 67.

62 El *Ensayo de una nueva teoría de la visión* se publicó en 1709, es decir un año antes del presente *Tratado.*

63 Ver el *Ensayo* citado sec. 2.

64 *Ibid.,* secs. 11-15.

65 *Ibid.,* secs. 16-28.

66 *Ibid.,* sec. 51.

67 *Ibid.,* secs. 47-49 y 121-141.

68 *Ibid.,* sec. 43.

69 "A tal o cual distancia de tiempo" quiere decir que los objetos imprimirán en el sujeto *ideas* de tacto en distintos momentos, según sea la distancia que los separe del sujeto; los que estén más cerca lo harán antes de los que estén más lejos.

70 Según Berkeley no hay tal aniquilamiento y creación de los objetos sensibles, pues son permanentemente percibidos, aunque no lo sean por éste o aquel individuo particular. Véase sec. 48. Además, ellos siempre existen realmente en la Idea Divina y *potencialmente,* en relación con los espíritus finitos, en la voluntad Divina.

71 Como substancia material no percibida.

72 Véanse secs. 123-132.

73 Se toma aquí el concepto de "materia" en el sentido de substancia material abstracta.

74 Se refiere a Descartes y posiblemente a Geulinex y Malebranche.

75 Fuera de la mente.

76 Cfr. secs. 3-5, 9, 15 y 17.

77 Alude a la segunda respuesta que da a la octava objeción.

78 Se refiere a las llamadas "ideas de los sentidos" que no dependen de la voluntad pero que, por supuesto, no son independientes de *todo* ser percipiente. Cfr. secs. 29-33.

79 Obsérvese que Berkeley pasa de la octava a la décima objeción. Tanto Papini como Mazzantini han seguido la enumeración que se da aquí y que es la que figura en el original. En cambio Renouvier ha alterado este orden y en vez de "décimo" pone "noveno". Posiblemente Berkeley considere como "novena" la objeción que se enuncia en la sec. 56.

80 Es decir, de las "ideas de los sentidos".

81 Cfr. secs. 25-33.

82 Se refiere fundamentalmente a los principios establecidos en las secs. 3, 4, 6, 22, 23 y 26.

83 En la primera edición en vez de "creerse" decía "imaginarse".

84 Véase el *Essay* de Locke, libro IV, cap. 3, §§ 25-28, donde se sugiere que las cualidades secundarias de los cuerpos pueden ser la consecuencia natural de las diferentes relaciones y modificaciones de las cualidades primarias.

85 Traducimos la palabra inglesa *occasion* por la castellana *causa* debido a razones de claridad; podría traducirse acaso con la expresión *causa ocasional.*

⁸⁶ Es decir, no es percibida por ningún espíritu.

⁸⁷ En el original dice *nonentity* que expresa lo opuesto al *ente* más bien que al *ser*, pero en castellano no hay más que un término para negar uno y otro. Recuérdese que en inglés hay cuatro palabras que traducen los distintos matices de nuestro vocablo *nada: nothing, non-being, naught* y *nonentity.*

⁸⁸ Como en la teoría de las causas ocasionales de la escuela cartesiana.

⁸⁹ Como sostienen Geulinex y Malebranche.

⁹⁰ Según esta tesis, sostenida por Malebranche y algunos representantes de la escuela cartesiana, los cuerpos materiales son "ocasiones" en correspondencia con las cuales Dios provoca en nosotros ciertas ideas. Berkeley la critica no sólo en el *Tratado* sino también en sus *Diálogos entre Hylas y Filonús* donde hace decir a Filonús que sería un ultraje imperdonable, inferido a la Sapiencia y Omnipotencia Divina, pensar que Dios necesite substancias materiales para poder mantener orden y regularidad en la producción de ideas en nosotros.

⁹¹ Descartes, Malebranche y Locke, por ejemplo.

⁹² Cfr. secs. 14 y 15.

⁹³ La filosofía de Berkeley no es incompatible con la existencia de las ideas divinas que tienen expresión en las leyes de la naturaleza y de las cuales la ciencia humana no es más que una interpretación imperfecta.

⁹⁴ Cfr. sec. 3.

⁹⁵ Es decir, que un hombre extraordinario, dotado de un número infinitamente grande de sentidos, estaría en las mismas condiciones —respecto al conocimiento de la "materia abstracta"— que lo está el hombre común con sus cinco sentidos.

⁹⁶ De lo afirmado hasta ahora en esta sección Berkeley quiere deducir que la materia es relativa al sujeto que la percibe; pues aparecería con un número infinito de cualidades a un ser que poseyera un número infinito de sentidos.

⁹⁷ Malebranche y Norris utilizaron la autoridad de las Sagradas Escrituras para probar la existencia del mundo material. Berkeley no trata aquí, por supuesto, de probar la realidad del mundo sino aclarar qué significado tienen nuestras palabras cuando afirmamos su existencia.

⁹⁸ Humana o divina.

⁹⁹ "Cosas externas", es decir, cosas que existen realmente fuera de toda relación con un espíritu.

¹⁰⁰ Berkeley toma aquí la percepción de las mismas "ideas sensibles" por distintas personas, como una prueba de la realidad "externa" de ellas.

¹⁰¹ Aquí terminan las respuestas a las posibles objeciones que pudieran aducirse en contra de los principios establecidos en las 33 primeras secciones.

¹⁰² Se señalan más adelante algunas de las consecuencias que se derivan de los principios expuestos, en su aplicación a las ciencias físicas y matemáticas, y también a la psicología y la teología.

¹⁰³ Cfr. nuestra nota 7.

104 En la primera edición la palabra "escepticismo" [*scepticism*] estaba reemplazada por la expresión "jerga escéptica" [*sceptica cant*].

105 En la primera edición se agregaba: "Pero esto es demasiado evidente para que sea necesario insistir sobre ello".

106 En la primera edición se agregaba a continuación la palabra "incorruptibles".

107 En la primera edición se agregaba "pasiones perecederas".

108 Todo lo que sigue, hasta el final de la sección, fue agregado en la segunda edición.

109 Berkeley parece haber tomado estas ideas, y aun los términos que las expresan, de Malebranche y Locke, quienes nos hablan de *conscience ou sentiment interieur* y de *reflexion* respectivamente.

110 Aunque no se dice expresamente parece que el conocimiento del prójimo es el resultado de un razonamiento por analogía. Cfr. secs. 140 y 145.

111 En este párrafo Berkeley usa los términos *noción* e *idea* en sentido restringido. Como lo señalamos en la nota 1 de la sec. 5, en la primera edición el autor usaba el término *idea* en un sentido amplio que incluía el concepto de *noción*.

112 El socinianismo fue fundado por Lelio Socino (1525-1562) y continuado por su sobrino Fausto Socino (1539-1604). A pesar de ser italianos de nacimiento, ambos pertenecieron a las corrientes espirituales germánicas y la influencia ejercida por ellos se extendió a todo el Noroeste de Europa y más tarde a Estados Unidos. Se opusieron al aristotelismo protestante negándose a aceptar la revelación en tanto contrariara a la razón humana.

113 Se refiere a la materia ajena a toda relación con un ser que la perciba.

114 Mientras el ser de las cosas consiste en ser percibidas, el ser de los espíritus consiste en percibir, es decir, en pensar o tener ideas, en el sentido que da el autor a este término. Obsérvese la similitud con el pensamiento y la terminología cartesiana.

115 En la primera edición se agregaba: "De aquí surgen esas extrañas paradojas, como ser que el fuego no es caliente y que la pared no es blanca; o que el calor y el color son en los objetos nada más que figura y movimiento".

116 "Objetos de los sentidos", es decir, las cosas sensibles, prácticamente externas a las personas.

117 En la primera edición se agregaba: "Y por lo tanto la pared es tan blanca como es extensa, y en el mismo sentido".

118 En la primera edición se agregaba: "En efecto, pueden hacerse grandes progresos en el estudio de la ética sin tornarse mejor o más sabio por ello, o sin saber mejor que antes cómo comportarse en los asuntos de la vida en forma más ventajosa para sí mismo y para sus semejantes".

119 Por ejemplo Locke. Véase su *Essay*, libro IV, cap. 3.

120 Como habrá observado el lector, Berkeley se expresa en largas oraciones llenas de accidentales. En el presente caso, por ejemplo, toda la sección

está constituida por una sola oración. Mantenemos, en lo posible, la puntuación del autor por las razones que dimos en la *Advertencia*.

121 Todos los fenómenos dependen de la voluntad del Espíritu Gobernante y son en ese sentido arbitrarios pero no caprichosos, pues su voluntad es razón perfecta. Dios es la causa inmanente del orden de la naturaleza.

122 Posiblemente alude a Bacon quien en su *Novum Organum* (1620) niega importancia a las investigaciones de las causas finales.

123 En la primera edición se intercalaba a continuación lo siguiente: "Porque además de que ello sería una ocupación agradable para la mente, podría ser de gran utilidad, pues no sólo descubre los atributos del Creador sino que también, en muchos casos, nos orienta para hacer correcto uso y aplicación de las cosas".

124 En la primera edición se intercalaba a continuación lo siguiente: "Se desprende de la sec. 66, etcétera, que los métodos estables y consistentes de la naturaleza pueden llamarse, sin mucha impropiedad, el lenguaje de su autor, por el cual él descubre sus atributos a nuestra vista y nos indica cómo proceder para la conveniencia y felicidad de la vida".

125 Inductivamente.

126 Deductivamente.

127 En la primera edición esta oración estaba substituida por la siguiente: "Un hombre puede muy bien leer el lenguaje de la naturaleza sin entender su gramática o sin poder decir, etcétera".

128 La palabra *stretch*, que figuraba en el primera edición, fue substituida en la segunda por *extend*.

129 En la primera edición la presente sección se iniciaba con estas palabras: "Llevemos más lejos la semejanza".

130 En la primera edición la sección comenzaba así: "Se reconocerá fácilmente que la mejor exposición del género de que hablamos, es un tratado de *Mecánica*, demostrada y aplicada a la naturaleza, por un filósofo de una nación vecina y a quien admira todo el mundo. No me encargaré yo de hacer objeciones a la obra de este hombre extraordinario; sólo que algunas cosas que él sostiene se oponen tan directamente a la doctrina que hemos expuesto hasta aquí que sería una falta de consideración a la autoridad de un hombre tan grande el no tomar noticias de ellas".

Como es obvio se refiere a Newton (1642-1727), quien publicó su *Philosophiae Naturalis Principia Mathematica* en Londres, en 1687. La expresión del autor "filósofo de una nación vecina", se debe a que Berkeley era irlandés y publicó la primera edición del presente *Tratado* en Dublin.

131 En la primera edición se agregaba: "Si otros lo conciben de manera distinta, un poco de atención podrá persuadirlos".

132 "O acción" se agregó en la segunda edición.

133 En la primera edición se agregaba: "Quiero decir en movimiento relativo, pues no puedo concebir ningún otro".

134 En vez de "que se le aplique", en la primera edición decía "que se le imprima".

135 "Aplicada o", agregado en la segunda edición.

136 En la primera edición se agregaba lo siguiente: "Pero, esto no prueba que, de acuerdo a lo comúnmente aceptado como movimiento, un cuerpo se mueva simplemente porque cambia de distancia con respecto a otro; pues, tan pronto como nos desengañamos y encontramos que la fuerza que lo movía no le era aplicada, ya no sostenemos que esté en movimiento. Pues, al contrario, cuando se imagina la existencia de un cuerpo único (cuyas partes conservan una determinada posición entre sí), hay muchos que piensan que puede moverse en todas direcciones, aun sin cambio de distancia o situación respecto a otros cuerpos; lo cual no negaremos, siempre que quisieran decir solamente que puede tener impresa una fuerza, la cual, por la simple creación de otros cuerpos, produciría un movimiento de cierta cantidad y determinación. Pero que un movimiento real [*actual*], (distinto de la fuerza impresa o poder, que producirían el cambio de lugar en caso de que hubiera cuerpos presentes por los cuales pudiera definirse), pueda existir en tal cuerpo simple, es algo que debo confesar que no alcanzo a comprender".

137 En vez de "parece imposible", en la primera edición decía "sobrepasa mi capacidad".

138 Probablemente se refiere a Samuel Clarke (1675-1729), quien cuatro años antes (1706) de la publicación de la primera edición (1710) de este *Tratado*, publicó su obra *Demonstration of the Being and Attributes of God* y un tratado titulado *De Spatio Reali*.

139 Las secciones 118 a 132 están dedicadas a la aplicación de los nuevos principios a las matemáticas.

140 Cfr. *Ensayo de una nueva teoría de la visión*, secs. 107 y sigs.

141 Cfr. *op. cit.*, secs. 122-125 y 149-160.

142 "Considerada como relativa" fue agregado en la segunda edición.

143 Una extensión infinitamente dividida contraría los principios expuestos ya que no podemos percibirla o imaginarla y lo que no es percibido no tiene existencia, según se establece en la sec. 3.

144 La palabra "gentil" substituyó a la palabra "pagano" que figuraba en la primera edición.

145 La expresión "quizá sea llevado a admitir, en virtud de ello", substituyó a la expresión "no se aferrará en afirmar" que aparecía en la primera edición.

146 En la primera edición se intercalaba lo siguiente: "Pero si lo creyéramos necesario, podríamos encontrar un lugar más apropiado para tratarlo en forma particular".

147 "Debemos referirnos" substituyó a "nos referimos (si es que algo queremos decir)", que aparecía en la primera edición.

148 En la primera edición se intercalaba lo siguiente: "Y mostrar cómo

pueden medirse las líneas y figuras e investigarse sus propiedades sin suponer que la extensión finita sea infinitamente visible".

149 Posiblemente haya aquí una referencia a la segunda parte del *Tratado* que no llegó a publicarse. Véase nota 1.

150 "Hombres de gran capacidad y constante aplicación", substituyó a "hombres de la más gran capacidad y más constante aplicación", que aparecía en la primera edición.

151 En la primera edición se agregaba: "Y a pesar de lo que los matemáticos pudieran pensar de las fluxiones o cálculo diferencial, y de cosas semejantes, un poco de reflexión les mostrará que, trabajando con esos métodos, no conciben o imaginan líneas o superficies menores que las perceptibles por los sentidos. Ellos pueden muy bien llamar, si quieren, infinitesimales o infinitesimales de infinitesimales a esas pequeñas o casi insensibles cantidades. Pero, en el fondo, eso es todo, pues en realidad son finitas; tampoco la solución de los problemas requiere suponer otra cosa. Pero esto se explicará con mayor claridad más adelante". Tal vez Berkeley alude nuevamente aquí a la segunda parte del *Tratado*.

152 Se refiere a la materia no percibida por los sentidos, es decir, ajena a toda relación con un espíritu.

153 En la primera edición se intercalaba aquí: "y que en efecto no se relacionan con nada".

154 A partir de la presente sección tratará Berkeley de la aplicación de los nuevos principios a las ciencias que se refieren a la mente o espíritu.

155 En efecto, según el propio Berkeley no podemos tener *ideas* de los espíritus, si bien tenemos *nociones* de ellos. Cfr. secs. 27 y 142

156 Posiblemente se refiere a Locke.

157 Cfr. sec. 25.

158 En la primera edición se agregaba: "o noción". Este término fue suprimido en la segunda edición debido a la distinción que introdujo Berkeley entre los términos *idea* y *noción*. Véanse nuestras notas a las secs. 5, 27 y 89.

159 En la primera edición se agregaba: "Pero si dijera que *yo* nada soy, o que *yo* soy una *idea* o *noción*, enunciaría proposiciones evidentemente absurdas".

160 En la sec. 2 afirma Berkeley que las ideas tienen existencia en los espíritus, mientras que éstos tienen existencia independientemente de otros seres. Y aquí sostiene que la existencia de los espíritus consiste en *percibir ideas*. ¿Quiere esto decir que los espíritus no tienen una existencia totalmente independiente? Recuérdese que una mente o espíritu no puede dejar de pensar. (Sec. 98, última parte.)

161 "O más bien una noción" fue agregado en la segunda edición.

162 El conocimiento del prójimo es de naturaleza distinta al del propio yo y de las ideas. Conocemos las ideas y a nosotros mismos en forma inmediata; el conocimiento que tenemos del prójimo es, en cambio, mediato y, acaso, el resultado de un razonamiento por analogía. Cfs. secs. 89, 145 y 148 *in fine*.

163 En la primera edición, la presente sección comenzaba así: "La natural inmortalidad del alma es una consecuencia necesaria de la doctrina precedente. Pero antes de intentar probarla es conveniente explicar el sentido de esta creencia".

164 La oposición entre espíritu e idea no debe entenderse como negación del vínculo que los une. Cfr. nuestra nota 160.

165 Lo que sigue de la sección fue agregado en la segunda edición. Obsérvese la nueva acepción dada a los términos *idea* y *noción*. Cfr. secs. 27, 89 y 138.

166 Como en las obras de Locke, por ejemplo.

167 En la primera edición se intercalaba aquí lo siguiente: "alejarse de algunos prejuicios y modos de hablar aceptados y..."

168 En la primera edición se agregaba: "Pero, las dificultades que surgen sobre este punto demandan una investigación más detenida de la que pueda caber en el plan de este tratado".

169 En el agregado de la segunda edición a la sec. 89 dice el autor que conocemos a los otros espíritus "por la razón". Mucho se ha disputado acerca de la doctrina de Berkeley sobre este punto, pero resulta evidente, al menos, de que admite que conocemos al prójimo y que se trata de un conocimiento mediato.

170 En la primera edición se agregaba: "para la gran mayoría de la humanidad".

171 Alude a Malebranche. Véase *Recherche de la Vérité*, libro III, parte II, cap. 6 y sigs.

172 Pues, según Berkeley, todos los seres finitos o personas tienen su existencia en Dios. Como se ve, tanto el conocimiento de la existencia del prójimo como el de Dios descansan en una inferencia, en oposición al carácter inmediato del auto-conocimiento.

173 "Sola", es decir, sin el concurso de los agentes naturales; "inmediata", o sea, sin la mediación de las llamadas causas segundas. Cfr. sec. 32.

174 Cfr. secs. 25-28, 51-53 y 60-66.

175 En la primera edición se intercalaba aquí lo siguiente: "Pues de ahí se desprende que el dedo de Dios no sea tan visible para el pecador resuelto y descuidado, lo que le da la oportunidad para endurecerse en su impiedad y hacerse acreedor al castigo". (Véase sec. 57.)

176 El maniqueísmo fue fundado por Manes (probablemente 240-280) quien consideraba su doctrina como un complemento del cristianismo. Surgió en el siglo III bajo el influjo del sistema gnóstico y alcanzó de inmediato gran difusión, conservándose completamente vivo en plena Edad Media.

177 En la primera edición se intercalaba lo siguiente: "No pueden decir que no haya Dios, pero tampoco están convencidos de que lo haya. Pues, ¿qué otra cosa puede ser que una oculta infidelidad o una secreta sospecha de la mente acerca de la existencia y de los atributos de Dios, lo que permita a los pecadores crecer y endurecerse en la impiedad?"

Índice

TRATADO SOBRE LOS PRINCIPIOS
DEL CONOCIMIENTO HUMANO

Este libro se terminó de imprimir
en Indugraf S.A.,
en el mes de agosto de 2004.
www.indugraf.com.ar